JN039180

機能分析心理療法:
臨床家のための
ガイドブック

FUNCTIONAL ANALYTIC PSYCHOTHERAPY:
DISTINCTIVE FEATURES

Mavis Tsai, Robert J. Kohlenberg, Jonathan W. Kanter, Gareth I. Holman, Mary Plummer Loudon

メイヴィス・サイ／ロバート・J.コーレンバーグ／ジョナサン・W.カンター／
ガレス・I.ホルマン／メアリー・プラマー・ラウドン：著

杉若弘子／大河内浩人／河越隼人／木下奈緒子：訳

金剛出版

Jeremyへ　あなたの内なるドラム奏者に心を留める勇気のために

MT

私にとって特別な存在である子どもたち，Barbara, Andy, Paul，そして Jeremyへ

RJK

私の小さいながらも素晴らしい家族，Gwynne, Zoe, Laura, Karla, Martin, Sybil, そして，Steveへ

JWK

Sarah と Jacksonへ：愛しています

GIH

私のCRB2を長年にわたって強化してくれたMugsへ，そして，オムツ，笑い声，泣き声，喜ぶ声，触れ合いのたびに私の愛のレパートリーを増やしてくれている Emersonへ

MPL

機能分析心理療法

　どうすれば，現在実施している治療法をパワーアップさせること
ができるでしょうか？

　本書では，そのアプローチの中核となる原則，方法，ビジョンを
精選して紹介しています。機能分析心理療法（Functional Analytic
Psychotherapy, FAP）の各原理が，意図された目的ごとに提示さ
れ，基盤となる理論と明確にリンクしています。よって，臨床家に
は，各技法をいつ，どのように適用すれば良いのか，分かりやすい
ガイドになっています。

　FAPでは，「気づき」「勇気」「愛」を，治療プロセスの不可欠な要素
として取り入れています。本書の第1部では，FAPの歴史と，その基
盤となる基本的な行動原理を紹介しています。また，第2部では，
FAPの技法を適用するための使いやすい段階的なガイドを提供します。

　FAPは，今まさにルネッサンスを迎えようとしているアプロー
チです。本書は，FAPの歴史，理論，技法のすべてをユニークに
まとめており，行動論のバックグラウンドを有するか否かにかかわ
らず，臨床家や大学院生に最適なハンドブックになっています。

メイヴィス・サイ（Mavis Tsai）は，独立開業している心理臨床家であり，ワシントン大学（University of Washington）のFAP専門クリニックのディレクターとして教育と研究に携わっています。

　ロバート・J.コーレンバーグ（Robert J. Kohlenberg）は，ワシントン大学の心理学部教授であり，臨床トレーニングのディレクターを務めていました。

　ジョナサン・W.カンター（Jonathan W. Kanter）は，ウィスコンシン大学ミルウォーキー校（University of Wisconsin-Milwaukee）の心理学部准教授兼クリニック・コーディネーターであり，依存症・行動保健センターの研究員でもあります。

　ガレス・I.ホルマン（Gareth I. Holman）は，R. J.コーレンバーグ（R. J. Kohlenberg）のワシントン大学での最後の大学院生で，機能分析心理療法と弁証法的行動療法のトレーニングを受けました。現在は，ワシントン州シアトルにあるエビデンスに基づく実践研究所（Evidence-Based Practice Institute）の博士研究員として，エビデンスに基づく実践を支援するためのセラピストのトレーニングやその他のツールの開発と研究に取り組んでいます。また，ワシントン大学やそれ以外のFAPのトレーニングにも引き続き携わっています。

　メアリー・プラマー・ラウドン（Mary Plummer Loudon）は，プライベート・クリニックの臨床心理士であり，ワシントン大学のFAPクリニックのスーパーバイザーでもあります。

ここと「謝辞」に書かれているのは，本書の原書が出版された 2012 年時点での著者たちの現況です。2022 年現在は，以下の通りです。

メイヴィス・サイ（Mavis Tsai）：ワシントン大学上級研究員，気づき・勇気・愛（Awareness, Courage and Love：ACL）グローバルプロジェクト（www.livewithacl.org）設立者

ロバート・J・コーレンバーグ（Robert J. Kohlenberg）：元ワシントン大学心理学部教授兼臨床トレーニングディレクター（2021 年逝去）

ジョナサン・W・カンター（Jonathan W. Kanter）：ワシントン大学心理学部社会関係科学センター長

ガレス・L・ホルマン（Gareth L. Holman）：エビデンスに基づく治療とコーチングを提供する私設臨床心理士

メアリー・プラマー・ラウドン（Mary Plummer Loudon）：私設臨床心理士・シアトルクリニック共同設立者

目　　次

第 2 部　FAP の実践的特徴

序　文

　機能分析心理療法（FAP^{ファップ}）は，経験的に支持された原理に基づく
行動論的なアプローチであり，治療関係の力を利用して，セラピス
トの純粋性，強さ，思いやり，有効性を最大限に引き出します。
FAP のセラピストは，一人ひとりのクライエントを，喜びと苦悩，
夢と希望，情熱と弱さ，そして，ユニークな才能と能力などの複雑
なライフ・ストーリーを持ち，深く根付いた文化的，社会的，世代
的な経験をその強化歴に持ち合わせた小さな文化として捉えます。
行動論的に定義された観点から，FAP のセラピストは，気づき，
勇気，そして治療的な愛という特質が，クライエントの変化の足が
かりとなる治療的絆の基本要素だと考えています。

　治療関係の重要性は，FAP に限ったものではありません。この
重要性は，すべての CBT（認知行動療法）アプローチで主張されて
いますが，FAP においてほど中心的な役割を果たすまでには至っ
ていません。難しいのは，治療関係という概念が，ほとんどすべて
の人にとって異なる意味を持っているということであり，そのニュ
アンスや定義の歴史はジークムント・フロイト（Sigmund Freud）
にまで遡ります。このような複雑さと，多くの場合に存在する根深
い先入観を考慮すると，私たちの課題は，FAP の視点を簡潔に提
示し，かつ既存の概念と明確に区別することです。そこで本書で

は，FAP の核となる原理，技法，ビジョンを 30 の短い章にまとめ，柔軟で思いやりがあり，親密で力強い治療関係をもたらす精密な行動理論としての FAP の力を強調し，あらゆる CBT の治療をパワーアップします。各章は，行動論的なバックグラウンドを持たない方々，FAP の技法を現在の取り組みに加えたい方々，すでに FAP に精通していて専門知識を深めたい方々など，すべての読者にとって最大限に分かりやすく，理解しやすいように書かれています。

　本書の第 1 部では，FAP の歴史とその基盤となる基本的な行動原理について説明しています。十分に確立された，経験的に支持された変化のメカニズムである随伴強化が，変化のプロセスにおけるクライエント－セラピスト関係の重要性をどのように説明するかを明らかにしながら，強化に関するよくある誤解（例えば，そこには「それはいいですね」と言うなどのセラピストの反応やその他の人工的な反応が含まれるというもの）について述べます。そういった反応ではなく，セラピストとクライエントの相互作用のやりとりの中で，強化が自然に（多くの場合，意識せずに）出現することを示します。私たちは，クライエントの改善を自然に強化するために，セラピストがどのように自分自身を位置づけることができるかを具体的に説明します。また，意外かもしれませんが，私たちが「治療的な愛」と呼んでいる自然な強化の一面についても触れ，この概念がどのようにしてほとんどすべてのタイプの治療に適用され，有用であるかを行動論的な観点から探ります。第 2 部では，FAP の技法とルールを適用するための段階的なガイドを提供します。FAP のルールや技法は，それぞれ意図された機能の観点から提示されま

すので，各技法は基礎をなす理論と結びついており，臨床家は技法の説明だけでなく，それぞれの技法をいつ，どのように使えば良いのかという簡単なガイドを得ることができます。

　行動論的なアプローチの利点は，その概念が明確に定義されているため，理解しやすいということです。それにもかかわらず，行動主義に対する誤解は多く，結果的に，多くのセラピストが行動主義を偏狭で機械的なものと誤って捉えています。同様に，行動論的な技法は，複雑な状態を扱うには単純すぎるとみなされてきました。本書では，行動理論と FAP の技法を，その目的を明確にした用語で紹介し，どのようにして深くて強い治療関係を築くことができるかを，単純なケースから複雑なケースまで，このアプローチの有用性を表す実用的な例とともに示しています。

　どのような理論的信条を持つセラピストであっても，自らのアプローチの目標を達成するためには，治療的な関係が重要であり得るので，本書では，「今，ここ」での治療的な相互作用を強める方法について具体的な提案をしています。また，統合主義の観点から，セラピストが FAP の概念を既存の CBT のトリートメントとともに使用して，親密性，自己の問題，愛着などの幅広い重要な臨床的問題に対処できるように，具体的なガイドラインが示されています。

　FAP はルネッサンスを迎えており，新たな目的意識が芽生えています。最近の研究では，FAP の変化のメカニズムは有効であり，クライエントに顕著な変化をもたらすことが示唆されています。また，FAP のトレーニングやワークショップでは，セラピストの行動に顕著で持続的な変化がもたらされており，FAP に関する新しい素材への関心と興奮が高まっています。今後数年間にはさらに多

くの研究やトレーニングが予定されており，これらの結果が明らか
になるにつれ，FAPへの関心が爆発的に高まることが予想されま
す。あなたがどのようなオリエンテーションをお持ちであっても，
また，あなたが心理療法家としてどのような道を歩まれようとも，
本書に含まれるアイデアや情報が，あなたの知的好奇心を刺激し，
非凡で忘れがたい治療関係を促進することを願っています。

謝　辞

メイヴィス・サイ（Mavis Tsai）
　私は，本書をともに執筆したドリームチームに最大級の愛と尊敬を抱いています。彼らはみな，私が心から大切にしている宝物です。ボブ〈Bob（訳注：コーレンバーグのこと）〉は，神が私に与えてくれた，この宇宙で最も偉大な存在です。彼の愛は，私がこれまで経験した中で最も素晴らしいものであり，私が想像していた以上の愛し方を教えてくれました。彼の深遠な知性がなければ，FAP（ファップ）は存在しなかったでしょう。私は彼を頼りに，より良い臨床家，教師，そして人間になるために日々挑戦しています。彼が私を信じてくれるから，私は努力し続けられるのです。彼は私が生涯愛する人です。ジョナサン〈Jonathan（訳注：カンターのこと）〉の雄弁さは，彼の知性，心，そして彼の生涯の仕事を満たしています。彼は，ボブと私のFAPに対する考え方について，他の誰にもない洗練された独自の理解をしています。彼のFAPに関する研究は秀逸で，画期的なものです。ガレス〈Gareth（訳注：ホルマンのこと）〉は，その年齢をはるかに超えた才能と思慮深さを持つFAPの理論家でありセラピストです。彼の考えと仕事は深く，洗練されています。博士号を取得した彼を同僚に迎えることができて，私はわくわくしています。メアリー〈Mary（訳注：ラウドンのこと）〉は，ワ

シントン大学のFAPの実習を6年にわたって私とともに指導してきたことで，私にとって最も身近な存在になりました。私は彼女の臨床的な鋭敏性とFAPのリーダーとしての力量を頼りにしています。そして，彼女が一貫して真正性，洞察力，表現の豊かさの手本を示していることに深く感謝しています。私の人生における彼女の存在は，永遠の日の出のようなものです。

FAPをCBT Distinctive Featureシリーズに含めるよう提案してくださったシリーズ編者のウィンディ・ドライデン（Windy Dryden）に感謝しています。このような形で評価されたことを光栄に思います。私たちの原稿の最終版を編集してくれたナンシー・ブレイナード（Nancy Brainard）にも感謝しています。

カンフー詠春拳（Tsun Jo Wing Chun Kung Fu）の創始者，シジョ・ジョン・ビオール（Sijo John Beall）は，他の誰よりも，恐れを自分の目で直接見つめることを私に教えてくれました。過去15年にわたる彼の卓越した指導のおかげで，私は大胆さと勇気を身につけることができました。

最後に，過去そして現在の私のすべての学生，訓練生，クライエントに感謝します。彼らは最良の私を形成し，強化してくれました。彼らのおかげで，私はFAPに身を捧げることができたのです。彼らの一人ひとりが，私の心のかけがえのない場所にいます。

ロバート・J. コーレンバーグ（Robert J. Kohlenberg）
まず，愛するメイヴィス〈Mavis（訳注：サイのこと）〉に感謝したいと思います。彼女の愛は，30年以上にわたって私を育み，支えてくれただけでなく，FAPの開発と私たちの人生の旅に密接に

関わっています。彼女の魔法のような治療行為が，FAP の最初の
ひらめきになりました。彼女の驚くべき知性と私たちの愛，そして
数多くのとても熱い議論が混ざり合って，FAP が生まれました。
このプロセスは，FAP の誕生後も続いており，私は今でも彼女の
臨床的な，そして知的な才と愛に触発されています。それらは，
FAP を，その原点からはるかに遠いところに連れて行ってくれま
した。私は彼女を心から尊敬しています。

　ジョナサン・カンターは，かつて私の学生だったときに，FAP
が心理臨床に貢献できる可能性があることを最初に見抜いた人物で
す。私は彼が極めて優秀であることを知っていたので，彼の先見性
は，私がFAPに生涯をかけることを後押ししてくれました。彼は，
FAP が科学界で注目を得るための研究を推進し，その発展に重要
な役割を果たしました。彼とその同僚たちは，この流れを継続し，
FAP の核心である変化の基底にあるメカニズムを実証的に検証し，
確認するという骨の折れる困難な課題を成し遂げてきています。彼
は生産的な科学者であり，著者であり，教授でもあり，多くの人々
に私たちの分野への貢献を促してきました。ミルウォーキーのウィ
スコンシン大学にある彼の研究室は，FAP の訓練と研究の中心地
です。私は，彼が私と続けている共同研究を深く重んじており，彼
を友人として迎えられたことを光栄に思っています。

　メアリー・プラマー・ラウドンは，FAP の真のマスターセラピ
ストであり，FAP 誕生のきっかけとなったものと同じ「魔法」を
持っています。彼女は，FAP に関する出版物に貢献しているだけ
ではなく，次世代の FAP の研究者やセラピストの輩出を助けるた
めの訓練にも大きな役割を担ってきました。彼女は学ぶ意欲をかき

立てる教師であり，彼女に接するすべての人に，その力と温かさを伝えます。私は，彼女と会うたびにそれを感じ，彼女が私の同僚であることに感謝しています。

ガレス・ホルマンは，私の最後の学生です。彼の才気，知識の広さ，創造力，そして深い分析的思考は明白で，反論の余地はありません。彼の研究は革新的なものであり，FAPのセラピストを訓練する上で，重要な役割を担っています。彼は才能のある書き手であり，すでにFAPの文献に貢献しています。そして，今後はこの才能を活かして，FAPを専門家だけでなく，広く世の中に普及させていくことでしょう。私の考えに対する彼の穏やかな挑戦は，私を成長させてくれました。これからも共に研究し，親しくしていけることを楽しみにしています。

私はまた，私が一人の臨床行動分析家として成長する上で重要な役割を果たしてくださった次の方々にも感謝の意を表したいと思います——ローレン・アッカー（Loren Acker），スティーブン・C.ヘイズ（Steven C. Hayes），バーバラ・コーレンバーグ（Barbara Kohlenberg），マーシャ・リネハン（Marsha Linehan），そして今は亡きイヴァ・ロヴァス（Ivar Lovaas），ニール・ジェイコブソン（Neil Jacobson），アラン・マーラット（Alan Marlatt）。

ジョナサン・W.カンター（Jonathan W. Kanter）
ボブ・コーレンバーグとメイヴィス・サイに感謝したいと思います。新しいプロジェクトに一緒に取り組み，それを成し遂げてゆくたびに，お二人への尊敬と愛が深まっていきます。妻のグウィン・コール（Gwynne Kohl）は，私の支えになり続けてくれます。妻の

支えなしには，私の職業的な成功はなかったでしょう。娘のゾーイ
（Zoe）は，私が行うほとんどすべてのことへの励みになっていま
す。指導者となる喜びを私に与えてくれたすばらしい大学院生たち
にも感謝したいと思います。最後に，月並みな決まり文句になって
しまいますが，私を信頼して訓練や癒しを託してくださった臨床家
やクライエントたちから，どれだけ多くのことを学んだかというこ
とに感謝することは，絶対に必要です。私たちの仕事が，彼らの信
頼に応えるものであることを願っています。

ガレス・I. ホルマン（Gareth I. Holman）

　刺激的で触発的であり，同時に有能でバランスのとれた共著者た
ちに感謝しています。

　私は，FAP のコミュティ全体，特にワシントン大学で FAP の実
習に参加している大学院生たちに感謝したいと思います。私たちは
とても特別な存在であり，これからもずっと協力関係を築いていき
たいと思っています。

　最後になりましたが，何よりも，ボブ・コーレンバーグとメイ
ヴィス・サイに感謝したいと思います。ボブを指導教員として，ワ
シントン大学の博士課程に入学したとき，私は実のところ「二対
一」のご指導をいただくことになるとは思っていませんでした。こ
の 6 年間，お二人から教えを授かり，お二人に信じていただき，そ
して私の欠点に挑戦するための忍耐とご配慮をいただけたことをた
いへんありがたく感じています。お二人がいなければ，私は大学院
を修了できなかっただろうことは明らかなことに思われます。否，
明らかです。お二人がいなければ，今の私はなかったと強く感じて

います。

メアリー・プラマー・ラウドン（Mary Plummer Loudon）
　今日の臨床家としての私を形作ってくださったのは，メイヴィスとボブであると言っても過言ではありません。本当のところ，彼らは，私の単なる職業上のアイデンティティや理論的な方向性以上のものを形作りました。指導，励まし，助言，支持，そして私の感情と知性を誠実に刺激してくれる，私にとって第二の親というべき近しい存在になりました。彼らの気づき，勇気，そして愛が，私の心（ハート）を成長させてくれました。私自身と私が関わるすべての人を代表して，お二人に感謝いたします。
　長年にわたって，ワシントン大学のFAPの実習やFAPのクリニックで出会った多くの忘れがたい学生たちに感謝しています。私は，彼らから，私が彼らに教えたいと思っていたことと同じくらい多くのことを学びました。彼らが私をより良いスーパーバイザー，グループファシリテーター，セラピスト，そしてFAPのトレーナーに育ててくれたという功績は大きいと思います。彼らは毎週，あたかも私と一緒にジャズを演奏するかのように，即興性のある活き活きとしたFAPの実習の機会を与えてくれました。それは，FAPの根底にある原理についての私の理解を深め，FAPを教えるための新しいことば，暗喩，そしてエクササイズを生み出すのに役立ちました。彼らがFAPの発展と普及に貢献し続け，FAPコミュニティのリーダーとして活躍してくれることを願っています。

第1部　FAPの理論的特徴

第1章

機能分析心理療法
(Functional Analytic Psychotherapy; FAP) の起源

FAP の起源には，三つの筋書きがあります。第一に，実践的な
セラピストの多くが驚きと注目に満ちたある発見を報告していま
す。クライエントの中には，マニュアルに沿って標準化された手続
きを踏んでいても，*DSM-Ⅳ*（精神疾患の診断・統計マニュアル，
American Psychiatric Association, 2000）に定義される疾患からの
予想以上の回復や，設定した目標を上回る改善を示す人がいます。
私たちはこの現象を「非常に優れた結果（exceptionally good out-
comes)」と呼んでいます。現代では多くのセラピストが実証的に
支持されたトリートメントに基づいてクライエントを援助していま
すが，この現象は，そういった援助が生み出す通常の"優れた結
果"を超えるものです（もちろん，ほとんどのクライエントは助
かっていますが，これら非常に優れた結果とは真逆ですが，他の
人々には効いているように見える同じ方法でも，不思議とうまくい
かないクライエントがいることも事実です)。

第二に，この非常に優れた結果というのは，ごくまれにしか生じ
ないように見えます。そして，それを一貫して意図的に生起させる
ための原因を特定することは，当のセラピストには困難です。しか
し，もし私たちがこの問題を解決することができれば，より頻繁に
非常に優れた結果を生じさせることが可能になるでしょう。もちろ

ん，セラピストの中には他のセラピストよりも頻繁に非常に優れた結果を生じさせる者もおり，大きな個人差があるというのも事実です。例えば，本書の著者の一人 R. J. コーレンバーグは，良い治療成果をあげる優れた認知行動療法家であると自認しています。しかし，FAP の研究に従事する前の 10 年間では，6 件ほどしか非常に優れた結果を生み出していません。反対に，同じ著者の一人 M. サイの大半のクライエントは頻繁に大きな改善を示していましたが，見たところでは彼女が使用していたトリートメントモデルとそれらの結果はあまり関係がなさそうでした。もちろん，クライエントの個人差は結果に影響を及ぼします。しかし，私たちが言及している非常に優れた結果というのは，そのようなクライエントの個人差で説明されるものではありません。

　第三に，私たちの経験や同僚のインタビューから，非常に優れた結果が生じているケースの特別な点は何かと考えてみると，一つの共通点が浮かび上がってきます。熱意や積極的な関与，親密なセラピスト－クライエントの交流といったものは，その治療での経験やクライエントを忘れられないものにします。そこには，セラピスト－クライエント関係に何か特別なものがあったのでしょう。親密なセラピスト－クライエント関係は，特別な結果を説明するためにしばしば引き合いに出されます（例えば，Horvath, 2001）。しかし，セラピストのどのような要因が治療関係に影響し，それがなぜ結果に影響するのかは，十分には特定されていません。それゆえ，そしてより相応しい言葉を見つけるために，私たちは一時的にこの記述の難しい特性を，面接室における「魔法」と呼ぶことにします。

　もしあなたが，私たちがこの「魔法」という言葉をセラピストが

学ぶべき神秘的な，ニューエイジの，超常現象があるということを意味して使用していると心配しているなら，その必要はありません。また，私たちは，習熟したセラピストが魔法のような輝きを持ち，それ以外の人は「良い」仕事はできても「非常に優れた仕事」はできない運命にあると考えてはいません。そうではなくて，私たちの課題は，セラピストのどのような活動（介入）が魔法のように見える現象をもたらしているのかを理解することなのです。私たちが推奨しているのは，それを十分に特定し，理解を容易にし，他者に教えることができる形にするということです。

　私たちは上記の目標を達成するために，行動主義に注目してきました。行動主義は，実験室実験に基礎を持ち，操作的に定義された概念と正確な言語を持っています。これらの利点を用いることによって，他者に正確に教えることのできる効果的な技法を生みだす理論を確立することができるのです。これを実践してきた努力の集大成が，FAP です。

　FAP は，非常に効果的でありながら，いくぶん神秘的で説明が難しい臨床的トリートメントを定義するために行動的概念を用いた最初のものではありません。初期の行動主義者である C. B. Ferster (1967) は，自閉症児のトリートメントにおいて信じられないような結果を生むある有能な女性セラピストの研究を行いました。その女性セラピストのアプローチは，非常に直観的で，彼女自身もなぜそのようにしたのかを明確に説明することはできなかったし，彼女をまねようとする他のセラピストの治療は効果的なものにはなりませんでした。ファースター（Ferster）博士は，長期間にわたって徹底的に彼女の仕事を観察し，その際，彼女の行ったことや彼女が

起こす信じられない結果の説明に行動的概念を用いたのです。いうまでもありませんが，この作業により，今日の重度障害児に対するトリートメント実践の先駆けとなる，理解しやすく，非神秘的で，最も重要な，教えることが可能なトリートメントが生まれたのです。

　行動主義をなぜ，どのようにして優れた結果が得られるのかを説明するために用いることのもう一つの利点は，なぜあるセラピストが他のセラピストよりも優れた結果を生み出すのかという本質的な要素を捉えようとした他の研究と同じ失敗を繰り返さないということにあります。特に，この分野では，決まって非常に優れた結果を生じさせる「熟達したセラピスト」について研究するという，長年の伝統があります（Shapiro, 1987）。それは，スーパースターのようなセラピストを研究するというものです。そのセラピストが何をしているかを観察し，他の人にそれを真似るように教えます。シャピロ（Shapiro）によれば，そういった研究における失敗は，成功したセラピストの行動を正確に真似ることは，あるセラピストには効果的であっても，別のセラピストには効果的でないことを考慮していないことにあります。対照的に，ファースターの用いた手続きは，上述のように，セラピストとクライエントの文脈的差異を考慮した一般的に要約された原理（すなわち，本書の中で後述する機能分析）を構築し，「一つをすべてに当てはめる」という問題を避けているのです。

　FAP も同様に，特定の手続きのセットではなく，行動主義に基づいた一般的原理を治療に当てはめるものなのです。ただし，FAP を行うためには，あなたが行動主義者である必要はないこと

を強調しておきます。FAP は単独の治療として用いることも可能ですが，私たちの収集した量的かつ質的なデータは，FAP があらゆる治療アプローチと容易に統合され，それらのアプローチに強さと「魔法」をもたらしうることを示しています。

第2章

行動主義の正しい理解と誤った理解

　行動主義の妥当性と有用性については多くの議論がなされてきており，"行動主義は終わった"（例えば，ミシガン行動分析学会，日付不詳）という意見から，"スキナー（Skinner）は20世紀で最も影響力のあった心理学者である"（Haggbloom et al., 2002）という主張まであります。行動主義が終わったというのはよくある侮辱で，実際には，行動主義は心理学の内外で発展を続けています。例えば，国際行動分析学会（Association for Behavior Analysis International; ABAI）の出席者は毎年増加し，行動経済学の書籍はベストセラーのトップにのぼりつめ，行動主義に基づくトリートメントはエビデンスに基づくトリートメントの中でも最も広まっています。

　それでは，どのようにすれば激しく批判する私たちの同僚に行動主義を受け入れてもらうことができ，これまでの取り組みを理解してもらうことができるでしょうか。この謎を解く鍵は，広まってしまった行動主義の誤解の中にあるでしょう。

誤解の核心：行動主義者はブラックボックスを持ったロボットのように人間を見ている

　"行動主義"と聞いて思い浮かぶことは何かと同僚に尋ねると，「受け入れられないね。行動主義は単純化しすぎているんだよ。外

的な事象と相互作用している複雑で内的な精神世界を否定するじゃ
ないか。行動主義はとても横柄に感じるよ。見えないものを信じな
いということは観察できるものの幅を狭めているんじゃないのか」
という答えが返ってきました。

　行動主義は単純化しすぎているという意見や，観察できるものだ
けを意味のある行動とみなしているという考えは，私たちの同僚の
多くが抱いている根本的な誤解です。この歪みが生じた原因は，多
くの心理臨床家が行動主義という用語に明らかに異なる二つの意味
があることを知らず，それらを区別できる者が非常に少ないという
点にあります。行動主義という用語の第一の意味は，Watson（1930）
の，行動の科学（science of behavior）の研究対象は筋肉の運動や
分泌腺の働きといった観察可能な形で定義されなければならないと
いう主張に基づく「方法論的行動主義」と呼ばれるものです。方法
論的行動主義は，観察に公的な同意を求めます。そのため，公的に
観察可能なものにのみ焦点を当て，内観を排除し，知覚や感情，思
考といったものを直接の研究対象とはしませんでした。不運にも，
この旧式の考え方である方法論的行動主義は，私たちの同僚のほと
んどに行動主義の典型であると思われています。

　行動主義という用語の第二の意味は，B. F. スキナーに由来する，
"徹底的行動主義" として知られるものです。1945 年，Skinner
（Boring, Bridgman, Feigl, Pratt, & Skinner, 1945）は，"歯痛という
感覚はタイプライターのように実体のあるものだ"（p.294）と宣言
することによって，自らのアプローチを他の心理学と区別し，公的
同意の必要性と方法論的行動主義の考え方を否定しました。徹底的
行動主義は，言語行動の理解に基づき，私的な世界（例えば，思

考，感情，感覚）も行動の科学の対象であるとし，S-R 心理学を否定したのです。

　行動主義に関して，人間を「自動機械」，一種の機械とみなしているという意見があります。機械としての人間は，「機械論」と呼ばれる世界観を象徴し，方法論的行動主義の学問的支柱です。対照的に，徹底的行動主義は，明白に機械論的世界観を否定し，「文脈主義」として知られる哲学的アプローチに基づいています。それは，そのときまでに個人が築き上げてきた固有の歴史を考慮に入れ，人間が行動する理由を説明しようとするものです（Hayes, Hayes, & Reese, 1988）。

　ここでいう個人の歴史とは，直近の 24 時間以内の経験だけを指すようなものではなく，幼少期から築き上げられてきたものを含む幅広いものです。行動の歴史的文脈を含めたときに限り，その行動は意味を持つと考えるので，Hayes（Hayes & Hayes, 1992）は，スキナーの「徹底的行動主義」という言葉に代わって「文脈的行動主義」という言葉を用いるべきであると主張しています。今日，私たちは人間のあらゆる経験（例えば，言語，感情，自己，知覚，行為，記憶，認知，情動，親密性，共感性）の行動分析を行っています。

行動主義の正しい理解（文脈的行動主義）

　徹底的あるいは文脈的行動主義は，この世界で起きている具体的な出来事にしっかりと根を下ろした心理学です。文脈的行動主義に基づく心理学者は，未来を予測し，変えるために，これらの出来事の間の関係を突き止めようとしています。つまり，行動主義は，感情や思考を含む出来事が今日存在する（すなわち，行動する）特定

のあり方を生み出す人々の全過程と相互作用する様態を理解するために，人間の複雑な歴史の精細さ，実在性を研究することに関わります。このことより，行動主義が，人間が空虚なロボットのように機械的に反応しているとは考えておらず，外的な刺激に対して一様に同じ反応をするとも考えて**いない**ことは明白です。むしろ，行動主義は，**個性を理解する**ための強力な方法なのです。おそらく，この，個性の強調ゆえ，行動主義は，真の意味で，**他者に共感的で，非批判的な**方法でもあります。その人のすべての物語（ストーリー）すなわち歴史（ヒストリー）を聴くことによってその人を理解する方法以上に優れたものがあるでしょうか。徹底的行動主義に基づく治療法が，受容に基づく治療アプローチと調和していることも偶然ではないのです。

　行動主義が文脈的アプローチ（徹底的行動主義）とみなされるとき，それは人々の目標達成に有用で有効な，科学的に妥当な概念を提供します。誤解を明確にすることで，心理臨床家であり研究者である私たちに，行動主義が何を提供するのかについての正しい理解がもたらされるのです（後の章でもさらに詳しく説明します）。事実，本書全体が，行動主義というものの一つの拡張された解釈の書，として読むことができるかもしれません。行動主義が，いかに，私たちを科学者としてだけでなく，人間としても成長させ，私たちを取り巻く人々に対する理解と援助をさらに効果的なものにしてくれるか，についての解釈の書として。

第3章

環境と歴史の重要性

　行動の原因は何なのか。この疑問に対する答えは多岐にわたります。そして，大半の心理学者は，あらゆる複雑な，臨床的に重要な人間行動は，複数の要因によって引き起こされていることに同意するでしょう。行動の原因として考えられている代表的なものには，遺伝的，生物的，認知的，環境的，性格的な要因が挙げられます。FAP の行動的世界観は，行動の原因として環境的な要因に焦点を当てています。ここでいう環境は，クライエントの現在の環境と，環境と相互作用したクライエントの歴史の両方を含みます。

　行動主義者にとって，行動の意味は，行動を支えている現在の環境の随伴性と，その行動を形成した過去の随伴性から見つかる，ということになります。人間は，現在と過去の両方の環境の産物です。あらゆる臨床関連行動（clinically relevant behavior）は，この文脈の中で理解されます。現在の環境は，即時の出来事（例えば，面接室での出来事やセラピストとのやり取り）や日常でのクライエントの対人関係といったものから，さらに大きなものでいうと，人種，文化，国といった人間の行動に影響を与えるものを含みます。過去は，単純に，以前に生じたすべてのことです。クライエントの過去に関するある特徴（家族関係やトラウマ体験）が強調されることがあります。私たちを形作ってきた歴史の流れから特定の出来事

を切り離すことは，いくぶん恣意的な過程になります。それは，治療の目的にとっては間違いなく役立ちますが，これと，私たちの行動に及ぼす過去と現在の無数の影響を完全に分析することとを混同してはいけません。

　環境と歴史に焦点化することによって，他の原因をどのように見るべきかにも特別な立場を取ることになります。まず，遺伝的要因というのは，確かに行動を決定し，規制する役割を担っています。そのため，FAPのセラピストは，クライエントが引き継いでいる遺伝的な脆弱性やリスクを考慮します。しかし，行動の原因として遺伝的要因に焦点は当てません。これは主として実用的な問題からです。遺伝的要因に焦点を当てると，セラピストはすることがあまりなくなってしまいます。なぜなら，遺伝的原因は，治療者には（少なくとも，私たちが関心を抱いている類の介入では）操作不可能だからです。さらに，遺伝的要因に焦点を当てると，クライエントが自分の行動を変えることができるという希望を抱きにくくし，行動上の問題の薬学的解決を求めたり，入院治療を基本的な治療場面とみなす傾向を高めたりしてしまうことを，多くの研究が示しています（例えば，Mehta & Farina, 1997; Read & Harre, 2001）。このように，研究が，遺伝的要因を強調することは治療という仕事を進めにくくするとしている通り，遺伝に焦点を当てることは，一般的に，成人の外来心理療法では役に立ちません。

　実用性というよりもむしろ広義の哲学的な立場からは，FAPのセラピストは，実際は，遺伝的要因を環境的要因に含まれるものとみなしています。結局，私たちの遺伝子は，環境との相互作用の産物なのです。強化が，現在レパートリーとなっている私たちの行動

を形成し強めていると FAP のセラピストが信じているように，自然淘汰が，私たちの遺伝子の設計図を今日のそれに形成してきたのです。遺伝子というのは，私たちが生まれる前に生じたシェイピングの過程の要約なのです。ゆえに，究極的には，環境は遺伝子にとっても因果的要因ということになります。ある個体の現在の行動は，その個体の行動を形成してきた強化の環境的随伴性と，その種（species）の行動を形成してきた生存の環境的随伴性の関数なのです。

　行動の原因と考えられるものに，生物学的要因も挙げられます。行動主義者にとって，行動の生物学的説明と環境的説明は競合しません。両者は異なる水準での分析を提供する，両立しうる説明です。結局のところ，すべての行動は，そのときに機能している生物学的な支えが必要です。あらゆる行動の変容は神経生物学的変化として表されます。治療の過程で予測される脳の変化も同定されるはずであり，それは研究者たちが実証し始めています（Dichter et al., 2009）。

　生物学的に行動を説明することは，今日では非常にポピュラーになっていますが，もっともなことでしょう。脳は魅惑と驚きに満ちており，脳科学の技術の進歩は脳機能のますます詳細な理解を提供し続けています。しかし，FAP のセラピストにとって，行動の生物学的説明に焦点を当てることは，遺伝子に焦点を当てることと同様に，実用的ではありません。生物学的概念は，FAP によるケースの概念化には，特に役に立つことはありません。実のところ，混乱を生じさせる原因になってしまいます。優れた FAP のセラピストは，あらゆるプロの心理学者と同様，神経心理学的アセスメント

がクライエントの理解とトリートメントに有効であることを知っていなければなりません。しかし，生物学的あるいは神経心理学的変数に焦点を当てると，行動変容のメカニズムとしての環境による強化から注意がそれてしまいます。したがって，FAP によるケースの概念化を行う際には，生物学的あるいは神経心理学的な変数には焦点を当てるべきではありません。

　認知的要因もまた行動の原因であると考えられています（第12章でより詳細に検討します）。FAP のセラピストにとって，認知というのは行動です。考えること，空想に耽ること，計画を立てること，迷うこと，推論すること，解釈すること，信じること，などなどは，人々が行うことです。行動主義者は，これらの類の行動に対しても，他の類の行動と同じく，現在と過去の環境による説明に目を向けるでしょう。行動主義者にとって，行動の認知的説明は，「この行動があの行動を引き起こしている」と言っているのと同じです（Hayes & Brownstein, 1986）。行動システムの**外側にある**原因が同定されるまでは，それは十分な説明ではありません。さらに，純然たる認知理論は，行動に置き換えることのできないスキーマという認知的仮説構成体を持ち込んでいます。行動主義者にとっては，これらの仮説構成体は，仮説的な，心理主義的な作り話なのです。生物学と行動は，一方の分析の水準が他方の水準に還元可能です。これに対して，認知と行動は相容れません。認知理論と行動理論は両立できません。そして，行動主義者は認知を理解するために，行動理論に目を向けるでしょう。

　FAP のセラピストにとって，原因としてのパーソナリティは，原因としての認知と同じです。パーソナリティは，以下の二つが混ぜ

合わさったものを反映しています。(1) 繰り返し出現し，それがゆえにパーソナリティとラベルが張られる行動レパートリー（「彼女はとても社会的だから，社交的なパーソナリティである」）。(2) せいぜい行動に還元されるだけの（「彼は常習者的性格だから麻薬を常習する」），ことによると行動と照合できない心理主義的仮説構成体（例えば，ミネソタ多面的人格目録性格検査 Minnesota Multiphasic Personality Inventory; MMPI のプロフィール得点）。したがって，FAP によるケースの概念化では，パーソナリティの仮説構成体が役割を果たすことはほとんどありません。

　実用的ではない，あるいは心理主義的な虚構である，という理由から，遺伝学，生物学，認知科学，パーソナリティ理論からの仮説構成体の大半を放棄してきましたが，そんな行動主義者が，そういった領域の研究に生涯をささげてきた同僚たちから尊敬されるまでには，時に，苦労をしてきたことに，何の不思議がありましょう。

　著者たちはこれらの苦しみを感じてきました。読者の皆様にもぜひ考えていただきたいと思います。本当に価値のあるものは何でしょうか。スキナーの初期の著作にもあるように，重要なことは，科学的な思考と分析が，われわれの世界にポジティブな影響を与えてくれるチャンスを最大限に広げる心理学的世界観を発展させることなのです。Skinner (1976) は，「何もせず，私たちを襲う，悲惨で恐らく壊滅的な未来を許すのか。それとも，私たちと私たちに続く者たちが生産的で創造的な暮らしができる社会環境をつくりだすために，人間行動に関する知識を用いるのか。選択すべきことははっきりしている」(p.16) と述べています。

　FAP のセラピストとして，私たちは，多くの友人を遠ざけるこ

とになった行動的世界観こそが治療のシステムを構築する最も有用な視点であると確信しています。真実を発見するために発展してきた遺伝，生物，認知，パーソナリティの科学とは異なり，行動の科学は，当初から科学の消費者の役に立つように設計されてきた唯一の科学システムです（Skinner, 1953）。行動的世界観は，セラピストが今ここでクライエントに影響を与える要因に焦点を当て，それを明確にし，有効ではない要因によって混乱が生じることを避けます。それは，クライエントの人生にポジティブな行動変容を創り出す，より強力な治療関係を生みだすことにつながるはずです。

第4章

機能とは何か

　あなたのクライエントは，前回のセッションであなたと共同で作成したホームワークを一つも完了していません。あなたはセラピストとしてどのように反応しますか。

　多くの認知行動療法家がホームワークを指示します。FAP もその例外ではありません。多くの場合，ホームワークの完遂は称賛されるものです。セラピストは，純粋に喜びの反応を示すのです。そして，それは，至極もっともなことです。グループデザインを用いた研究では，ホームワークの完遂はポジティブな治療結果を予測することが示されています（Kazantzis & Lampropoulos, 2002）。そのため，クライエントがホームワークを完了していない場合のセラピストの一つの合理的な反応は，十分な配慮のもとにそれが残念であることを伝え，治療においてホームワークを仕上げることの重要性を再び説明することになるでしょう。

　しかし，FAP においては，私たちは，単に形態に基づいて反応するのではなく，むしろその行動の機能に，より深く視線を注ぎたいものです。行動の機能を特定するには，以下の二つの問いに関して，その行動を調べることです。

　①その行動を引き起こす文脈は何か。

　②その行動の生起頻度を増加あるいは減少させる結果は何か。

　上記のクライエントの場合，FAPのセラピストはホームワークを仕上げる文脈について訊ねるでしょう。どんなとき，どんな場所でその行動は生じやすいのでしょうか。ホームワークに取り組まないのは稀なことなのでしょうか。ホームワークに取り組まなかった強固な歴史はあるのでしょうか（例えば，学校で）。ホームワークの完遂には，そのホームワークを出してくれる人物（例えば，医師，セラピスト，教師）との関係が影響しているのでしょうか。家で家族に邪魔されなければ，もっとホームワークを仕上げやすいのでしょうか。

　次に，②の結果について考えましょう。FAPのセラピストは，過去にホームワークの完遂に続いて起きた結果について関心を向け，質問をするでしょう。以前，ホームワークに取り組んだ際，教師や影響力のある人物に"不十分である"と罰せられた経験や，過剰に完璧に仕上げることを強化された経験はあるのでしょうか。影響力のある人物（例えば，セラピスト）が望むこと（例えば，ホームワークを完遂すること）に取り組むことに対して，長期にわたって称賛を受けた歴史はあるのでしょうか。例えば，ホームワークを仕上げることが，これ以上の治療は不要であると判断するセラピストによって罰せられるといったように，これまでの対人関係から，自分が良くなると援助が終わってしまうことを学習していないでしょうか。

　こうした分析は，いくつかの可能性をもたらします。そのそれぞれに対して，FAPのセラピストは別々に反応するかもしれません。他の人と愛想よく付き合ってきた長い歴史を持つクライエントは，おそらくこのとき，賞賛を生み出さない行動をとることによってリスクを取ることを選んだのでしょう。もし，そうならば，ホーム

ワークを仕上げなかったということは，実際には一つの改善である
かもしれません（第8章の臨床関連行動をご覧ください）。そうで
はなくて，クライエントは，ホームワークが十分満足なものになら
ないので，それをセラピストに提出するのが怖かったのかもしれま
せん。もしそうなら，ホームワークを仕上げなかったことは，よく
見られる問題かもしれません。あるいは，ひょっとしたら，いつも
責任を果たすクライエントが，その週は子どもが風邪をひいて単に
それに精一杯だったのかもしれません。もし，そうならば，ホーム
ワークを仕上げなかったことは，臨床的問題と関連はありません。

　多くのセラピストは，ホームワークの未完遂をただちに問題とみ
なす前に，なぜクライエントがホームワークを仕上げなかったのか
ということを調べたいでしょう。そのために，FAPによる分析は，
理解の鍵として行動の機能に焦点を当てます。そして，本書の第2
部でも述べているように，同定されるクライエントの行動の機能
を，セラピストの特定の反応と結びつけます。

　FAPでは，すべての臨床関連行動（clinically relerant behavior）
は，このように機能的に理解されます。セッション中にクライエン
トが泣く，怒る，要求する，あるいはある話題にばかり焦点を当て
ることの機能は何なのでしょうか。セッション外において，クライ
エントが常に家にとどまることや，新しい職に目を向けること，あ
るいはパーティーで誘惑的になることの機能は何なのでしょうか。
このような，「その行動の機能は何なのか」という問いは，FAPの
セラピストにとって最も重要なものであり，FAPのルール1［CRB
（clinically relevant behavior，臨床関連行動）を観察する（第18, 19
章を参照してください）］の根幹です。

第5章

セラピストの機能を理解する

　FAP では，「機能とは何か」という問いは，クライエントの行動とセラピストの行動の両者に当てはまります。FAP のセラピストは，クライエントに影響を与える自らの行動の機能に最も関心を寄せるのです。第 19 章で述べるように，セラピストが自らの行動の機能に気づくことは，ルール 1 にとって非常に重要です。機能分析を詳しく理解することは，特別なことのように感じるかもしれませんが，FAP はそれを単純化し，クライエントに影響を与えるかもしれないセラピストの三つの主な機能に焦点を絞ります。セラピストが行うことはすべて，そのセッション中に刺激を提示していることとみなすことができます。そのセラピストの理論的オリエンテーションが何であれ，行動的視点からは，これらの刺激には三つの機能のみがありえます。それらの機能を以下に述べます。どの瞬間においても，セラピストが示す刺激には，複数の機能があるかもしれないことを，心にとどめておかなければなりません。

セラピストはクライエントの行動を誘発する
　誘発された行動というのは，レスポンデントあるいは古典的に条件づけられた行動のことです。これらの反応は，反射のように，不随意的に自動的に知覚されます。実験場面では，目に風を送ると瞬

きが生じ，口の中に食べ物を入れると唾液が分泌されるなどのように
レスポンデント行動を得ることができます。古典的に条件づけら
れた行動も同様です。目に風が当たる際に音を一緒に提示すると，
その音に対して瞬きが生じるようになり，口の中に食べ物を入れる
前にベルが鳴らすと，そのベルに対して唾液が分泌されるようにな
ります。

　面接室において，誘発された行動というのは，情動的なものであ
ることが多いです。あるクライエントは，差し迫った葬儀について
話し始めると泣き出すかもしれません。またあるクライエントは，
がんの可能性について話をするとパニックに陥り始めます。セラピ
ストが誕生日を覚えていないと見捨てられたと感じるクライエント
や，セッションが始まると何を話せばいいのか分からず緊張するク
ライエントもいます。

　セラピストは強力な誘発子（elicitor）であり，その力には言語的
なものもあれば非言語的なものもあります。間違いなく，セラピス
トが語ることには影響力があります。そして，セラピストの言葉に
誘発されたクライエントの微妙な（nuanced）反応を敏感に感じ取
ることも，FAP の重要な機能です。さらに，その誘発機能に敏感
になって，言葉を慎重に選ぶことも FAP では大切です。この本の
後半で示しているような，思いやりに溢れるたくさんの FAP の言
葉は，クライエントの情動的な反応を導き出すために設計されてい
ます。そして，それらの言葉は，FAP のセラピストとしてより能
力を高めようとするセラピストのためのものでもあります。

　セラピストの非言語行動もまたクライエントの反応を誘発する機
能を持っています。セラピストの姿勢や，注意の払い方，アイコン

タクトは，すべてこれに該当します。FAP において，セラピスト
としての自分がどのようにクライエントの情動的行動を誘発するか
という点に意識を向けることは本質的に重要であり，このプロセス
に注意を払うことは FAP のルール１（臨床関連行動（CRB）を観察
する）で押さえられています（これについては，第 18, 19 章でさら
に詳しく解説します）。

セラピストはクライエントの行動を喚起する

　喚起された行動は，オペラント行動です。FAP は多くの臨床関
連行動がオペラントであると仮定しています。セッション中にセラ
ピストがクライエントと行うほとんどすべては，クライエントのオ
ペラント反応（自発的反応）を要求しています。セラピストがクラ
イエントに質問したならば，返答もしくは返答しないというオペラ
ントがプロンプトされているのです。セラピストが静かに座り，ク
ライエントを見つめ，あるいは「ふむふむ」とうなずくならば，ク
ライエントが行っていたことを続けるというオペラント反応がプロ
ンプトされています。セラピストがティッシュを差し出したなら
ば，クライエントがそのティッシュを受け取るというオペラントが
プロンプトされています。セラピストが時計を見上げ，優しく微笑
んだならば，クライエントがセッション終了の時間を確認するとい
うオペラント反応がプロンプトされています。

　クライエントの多くのオペラント反応は，治療に役立ちます。し
かし，FAP では，臨床に関連するオペラント反応を特に重視しま
す。臨床関連行動（CRB）は，治療場面，セラピスト，あるいは治
療関係に対する反応としてセッション中に生じるクライエントのオ

ペラント反応です。そして，治療の焦点となっているセッション外で生じるクライエントの行動と機能的に類似しているものです。

　私たちは，CRB を喚起することに特に関心があるので，FAP のルール2（CRB をひき起こす）では，この過程に特に注意を払います。これに関しては，第18と第20章でより詳細に検討していきます。

セラピストはクライエントの行動に結果を提供する

　知ってか知らずか，私たちは他者の行動に結果を提供し続けています。ここでいう結果は，強化と罰の両方を指しています。次章で詳しく検討するように，強化は，人間の行動に必須であり，人間の関わり合いの中で常に生じています。上述の行動を喚起する例を見ると，一つの行動が複数の機能を持っているかもしれないことが分かります。セラピストがクライエントに質問するとき，セラピストはクライエントの反応にプロンプトを与えていることに加えて，クライエントに関心を向けることにより，クライエントの語り全体をも強化しているかもしれません。セラピストが話を聴き，相槌を打つことも，クライエントの発話を強化し，話を理解していることや会話を続けて良いというサインになっているかもしれません。セラピストがティッシュを差し出すことは，セッションにおけるクライエントの感情表出を強化しているかもしれません。セラピストが時計を見上げることは，クライエントが話を続けることを，穏やかに罰しているかもしれません。

　FAP では，この強化のプロセスは，クライエントの利益を最大限に引き出すために明示的に管理されます。私たちは，強化が生じていることに気づくだけでなく，それをクライエントの援助のため

に計画的に用います（恣意的な強化を避けるために気をつけること
については，第 7 章を参照してください）。これは，FAP の鍵とな
るプロセスです。本書は，クライエントの改善への自然な強化に焦
点を当てた治療関係の築き方や，強化を与える機会の見極め方，具
体的な強化方法（あるいは強化しない方法），強化を経験した後のク
ライエントとの話し合い方，といったことに多くを割いています。
　クライエントの行動を誘発し，喚起し，結果（強化や罰）を与え
るというセラピストという刺激が持つ三つの機能は，機能的な見地
からはセラピストがセッション中に行うすべてにある，ということ
になります。しかし，読者は，セッション中にセラピストが主に行
うことは会話であり，会話がそれら三つの機能にどう当てはまるの
か疑問に思うのではないでしょうか。会話は治療において非常に重
要なものであり，FAP においてもそれは変わりません。FAP で
は，会話を CRB3（第 8 章）やルール 5（第 18, 24 章）に関連する
ものとして治療に取り入れています。一般的に，セラピストの主な
活動は，クライエントと会話し，クライエントに有益な情報を伝
え，心理教育を行うこと，などであると考えられています。しか
し，FAP のセラピストは，**治療的な会話をしているときに機能的
に起きていること**に焦点を当てます。典型的な治療的会話をしなが
ら，セラピストの三つの刺激機能に注意を払うことで，あなたは，
自然な強化の機会が姿を現す FAP のプロセスに入り込む準備が整
います。

第6章

強化の中心的役割

　クライエントが尋ねるであろう次の質問を考えてみましょう。「なぜ私はこんな風になってしまったのでしょう」「なぜ私はこんなにも破滅的な関係に陥ってしまうのでしょうか」「なぜ私はこんなに自分を責めてしまうのでしょうか」「なぜ私はこんなに自尊心が低いのでしょうか」「なぜ私は自殺することばかり考えるのでしょうか」。当然のことですが，こういった質問を挙げだすと，ほとんどきりがありません。

　今，あなたがセラピストとして答えようとしているとしましょう。ただし，その答えは簡潔なものに限られており，行動的な視点に基づくものだったとしたら。すると，答えは，「あなたが経験してきた強化の随伴性のせいです」になります。いうまでもなく，もしあなたが実際にこのように答えたなら，クライエントは非常に混乱し，おそらくセラピストを代えることを考えるでしょう。さらに，「強化」が意味することを深く理解していないならば，多くのセラピストは，その答えには理論的な欠陥があると思うでしょう。それにもかかわらず，この答えは，FAP の中核をなすものなのです。ひとたびその意味するところをよく理解したならば，この答えは，あなたの治療活動にとって非常に有益なものになるでしょう。

　本章では，強化が意味するところの本質を詳細に説明します。後

の章では，あなたの治療を（どのような形式の治療でも）より効果
的なものにするために，この考えを実際にどのように適用するかを
解説します。定義によれば，随伴性というのは結果です。（物理的，
対人的世界を含む）世界が，行動にどのように反応する（応える）
か，です。そして，どの瞬間にも，世界は，結果を与えることに
よって人間の行動を強める（強化する）か，もしくは強めません
（罰する，もしくは消去する）。

　強化の随伴性は重要です。なぜなら，人間の活動（考える，信じ
る，注目する，気づく，歩く，食べる，感情を表す，感情を隠す，
など人間が行うすべてのこと）の主な原因となるからです。それに
もかかわらず，強化の随伴性の重要性は，治療セッションを通して
生じるセラピストとクライエントの相互作用を考える際に見落とさ
れがちです。

　随伴性とは，あなたがあるやり方で活動したとき，あなたの活動
がある効果あるいは結果を生み出す，ということです。これらの効
果は，物理的な世界でよく生じます。例えば，あなたが車のキーを
ひねれば，エンジンがかかるという結果が生じます。しかし，本書
はクライエントの援助について記したものであり，クライエントの
問題の多くは対人的な関係を含んでいます。したがって，私たちが
焦点を当てるのは，あなたの対人的あるいは社会的行動に対する他
者の反応の仕方です。あなたがある行動をとったとき，それが他者
に及ぼす効果がこの先にまたあなたが同じ行動をとる確率を増や
す，あるいは減らすならば，その効果は強化の随伴性と呼ばれま
す。ただし，これにはいくつかの種類があります。例えば，その結
果が再び同じ行動をとる確率を増加させるならば，それは**正の強化**

と呼ばれます。その結果が，再び同じ行動をとる確率を減少させる
ならば，それは罰と呼ばれます。過去に正の強化をされていた行動
に結果が伴わなくなると，あなたはその行動をあまりしなくなりま
す。あなたの行動は止まるでしょう。そして，この効果は，**消去**と
呼ばれます。

　強化は，心理学において最も研究され，実験的に検証されてきた
概念の一つです。しかし，「強化」とは，ただの言葉にすぎない，
ということを心にとどめてください。他のあらゆる言葉と同様に，
「強化」もまた，それが用いられる文脈の中で理解されます。FAP
においてそうであるように，強化は，その理論的アプローチに関わ
りなく，心理療法の目標達成を助ける偉大な存在です。

　強化には，二つの重要な特徴があります。一つは，強化はあらゆ
る瞬間に存在するということ。もう一つは，その多くは自覚されて
いないということです。この特徴を理解することで，広範な原理と
してさらに強化を応用できるようになるでしょう。

　日々のあらゆる瞬間の経験を理解する一つの方法は，行動や結果
の流れを強化という視点で捉える行動主義者のレンズを用いること
です。私たちの現在の行動は，過去にその行動を形成してきた強化
の歴史に依存しています。それは，川のどの地点の流れの強さや幅
や形も，その川が流れる山の形（topography）に依存しているのと
似ています。私たちが行動している間，強化は常に生じており，私
たちの流れを作り，行動を増減させています。私たちの未来の行動
は，強化の歴史の産物なのです。

　一般的に，強化は，特定の行動の後のポジティブな感情に気づく
かどうかとはほとんど関係がありません。歩くのを学んでいる子ど

もは，うまく歩んだことが強化されていることに気づきません。読み書きを学んでいる生徒は，その行動が日々，上達し，それゆえに強まっていることに気づかないかもしれません。長年にわたって講義をしてきた教授は，そのやり方が学生の反応によって形成されてきたことに気づくかもしれませんし，気づかないかもしれません。幸せな結婚生活を送ってきた夫婦は，お互いがとても素晴らしい思いやりを持って接していることに気づかないかもしれません。強化というレンズは，人間の活動のほとんどすべての側面を説明するために用いられてきました。その中には，言語，文学，創造性（Skinner, 1957），スピリチュアリティ（Hayes, 1984），パーソナリティ（Bolling et al., 2006），親密性や愛着（Kohlenberg, Kohlenberg, & Tsai, 2009a）といったものも含まれます。

　強化のプロセスが自覚されないことがあるので，強化が生じたかどうかを判断するためには将来的にその行動が生じるかどうかを観察することが主な方法になります。あるいは，強化されることによって生じる神経生物学的な変化といった非行動的なシステムに注目する方法もあるかもしれません。しかし，人間の身体は，脳内に，これら微細な神経生物学的変化を検出する適切な感覚システムを持っていません。単に，シナプスや神経経路が強まるにすぎません。確かに，ある瞬間においては，私たちは喜びを感じ，尋ねられれば将来も同じことをしそうだと答えるでしょう。しかし，この感情は強化ではないし，強化されるための必要条件ではないのです。

　このように，強化は，人間が経験するあらゆる局面に，常に生じているものとみなすことができます。クライエントの人生上の問題は，強化の随伴性の歴史の結果とみなすことができます。そして，

心理療法は，クライエントの生産的で充実した人生の質を高めるために強化の随伴性を提供する機会，とみなすことができます。

第 7 章

自然な強化と恣意的な強化

FAP の観点によれば，どの治療でも，行動変化は，クライエントの行動にセラピストが結果を与えることから生じます。最大限に効果を得るためには，強化は近接的（強化が空間的にも時間的にも標的行動と近接していること）であり，一貫して計画的にスケジュールされており，恣意的であるよりもむしろ自然でなければなりません。特に，自然な強化と恣意的な強化の違いは，セッション内で生じた行動変容の，日常への般化と維持に影響します。そのため，ここでは，自然な強化と恣意的な強化の違いを解説し，どのようにすればセッション内で自然な強化を用いることが増えるかを説明します。

自然な強化と恣意的な強化の違い

恣意的な強化子（arbitrary reinforcer）は，現実の生活で行動に続くものとは，直接の関係も，期待される関係もない刺激です（Kohlenberg & Tsai, 1991）。単純な例を用いましょう。もしセッション中に主張するという標的行動を示すたびクライエントがキャンディーを与えられたならば，クライエントにとってキャンディーが十分に好ましく（appetitive）強化的である限り，セッション内での主張行動の頻度は確かに増加します。しかし，恣意的な強化子

（この場合キャンディー）は，主張行動とは直接の関係も，期待される関係もありません。主張行動の後にキャンディーが提示されるには，意図的な人的介入が必要であり，それは日常では期待されないでしょう。長い目で見たときの問題は，もちろん，恣意的な強化によって形成されたあらゆる行動的改善が，主張行動に対してキャンディーを少しずつ分け与えられることのないセッション外の世界では維持されないことです。さらに，恣意的な強化を多用しすぎると，二つの異なる反応レパートリーを生み出してしまうことがあります。一つは，恣意的な強化によって主にセッション中に形成され，維持されるもの。もう一つは，セッション外の世界で非常に異なる随伴性によって維持されるものです。これは，クライエントが日々の生活を変えることに最も関心があり，単に良いクライエントになる方法を学ぶことには関心がない場合は，効果的な治療方略ではありません。

　一方，**自然な強化子**（natural reinforcer）は，クライエントの日常生活の中で生じる行動の結果と関係しています。自然な強化は，コートを着ると暖かい，食べると空腹が満たされるといったように，その行動と本来的なつながりがあります。セラピストの純粋な反応が，クライエントが日常で出会う反応にいくぶん似ているとき（セラピストが，クライエントが日常でかかわりそうな人物の良い例であるとき），クライエントの改善に対するセラピストの自然な強化は，人工的な介入ではありません。

　実践においてこれが意味することを考えてみましょう。上述したクライエントの例で見ると，主張行動に対する自然な強化は，クライエントが日常でも得られやすいこと，すなわちクライエントの主

張がセラピストに快く受け入れられるということ，でしょう。このような強化子は治療中でも外の世界でも得られるものであるため，標的行動（例えば，主張行動）は般化しやすくなります。つまり，クライエントにとって本当に大事な日常生活で標的行動が生じやすくなり，維持されやすくなります。

セッション中に自然に強化する

　FAP のセラピストは治療の初期段階から本物の関係を築くので，時間経過とともにその関係性はクライエントにとって重要なものになってゆき，クライエントの変容にとって強力な強化子になることがあります。もっとはっきり言えば，このような関係性の中で，クライエントはセラピストの反応に関心を向けるようになり，セラピストに及ぼす自分の影響力や，自分の行動によって変化する治療関係の仕組みに気づくのです。セラピストの自然な強化は数え切れないほど存在しますが，典型的なものには，話の共有や感情表現，自己開示，反応の増幅（クライエントの行動に対するセラピストの反応を増幅させること）があります。自然に強化するためには，セラピストは，セッション外で付き合いのある人々に対するのと同じように，クライエントとも信用するに足る絆を結ばなければなりません。セラピストは，治療関係の中で発展する現実の親密さを避けてはいけませんし，現実の関係を作り上げるときに必然的に伴うかもしれない不安や濃密な感情，リスクを取ることを避けてはいけません。セラピストは，より自然に強化的になるために，治療関係の制約の範囲内で可能な限り，自分自身になることが求められます。それと同時に，FAP のセラピストは，クライエントに対する自分自

身の反射的な反応と，クライエントの行動の機能を考慮した計画された戦略的な反応とのバランスを保たなければなりません。例えば，主張的になろうとしているクライエントが，やっとの思いで早朝の予約を求めたならば（機能的には改善で，CRB2 です。第 8 章をご参照ください），セラピストは早朝ということに抵抗を感じながらも，クライエントに感じる強い，本物の，心のこもった絆ゆえに，その求めに自然に応じるでしょう。また，葛藤を回避するクライエントが，初めて治療に対する文句を述べたならば（これもまた CRB2 です），セラピストの自然な反応は，反論や不満ではなく，喜びの表出です。これらの状況で，セラピストは，自然に罰してしまう反応を抑え込んでいるわけではありません。そうではなくて，むしろ，治療関係の力や思いやりの本当に深い感覚のおかげで，実際に，自然で偽りのない強化的な存在になるのです。これら自然な強化子を提供するということは，セラピストの反応の許容範囲に関わる純粋さを妨げる訳ではありません。例えば，FAP のセラピストは，「正直にいうと早朝は辛いけれども，あなたが主張してくれたことは私にとって本当に嬉しいことです。来週は朝の 8 時に会いましょう」と答えるかもしれません。

　自然な強化は，典型的には，日常に存在する随伴性を反映しています。しかし，ときどき，クライエントがその日常では正の強化を得るに十分な技能を持っていないことがあります。その場合，逐次接近法により，クライエントの標的行動を強化する必要があります。クライエントの標的行動が最終的には日常で自然に強化される水準にまで技能的に洗練されるように，FAP のセラピストは，自覚的に，逐次接近法による強化をすることが大切です。また，この

ような場合，その治療関係は，クライエントが日常で出会う人より
もセラピストは鋭敏に改善を感じ取っている点で日常における対人
関係とは違うと，クライエントにはっきり伝えてよいでしょう。ク
ライエントの行動が日常に対して「準備ができた」とセラピストが
感じたなら，そのことをクライエントと話し合うべきです。

第 8 章

臨床関連行動（CRB）

　治療セッション中のどの瞬間でも，クライエントは行動していま
す。そのような行動の中には，あなたの話を聞く，目を合わせる，
会話する，沈黙する，次に何を話そうかと考える，怒りを表現する
など，明白なものもあります。また，（例えば，恐怖，悲しみ，愛，
価値のなさ，拒絶などの情動を）感じること，（例えば，あなたが
心配していることに）気づくこと，解釈すること，今この瞬間に身
を置くことを避けること，感情的引きこもりの状態になることなな
ど，あまり明白でない行動もあります。クライエントがセッション
中に行うほぼすべてのことは行動であるという見方をあなたがする
ことができるなら，治療のいかなる特定の瞬間においても，クライ
エントの行動をあなたが強化する可能性は開かれます。私たちは，
強化可能な行動の中から，厳選された行動のサブサンプルを臨床関
連行動（CRB）と呼んでいます。「臨床関連」と呼ばれるのは，そ
れらの行動が，クライエントを治療の場に足を運ばせるに至った行
動であり，クライエントの日常生活で生じる行動とまさに同じもの
だからです。

　CRB が一目瞭然な場合もあります。例えば，権威のある人と接
すると不安になり，考えがまとまらなくなるクライエントは，セラ
ピストに対しても全く同様の問題が生じるでしょう。しかし，他の

ケースでは，CRBは機能的に同定されるものの，全くもって明白でない場合もあります。例えば，クライエントの日常生活における対人関係上の問題は，親密なパートナーが示す愛情や思いやりを本物ではないと不適切に捉えてしまう傾向（例えば，「信頼」の問題）によるものだと考えてみましょう。同様に，このクライエントは，セラピストが優しさや思いやりを示してくれるのは，そうすることに対して「お金をもらっている」からだと考えます。親密なパートナーとセラピストの違いから，これらは同じ行動ではないと考える人もいるでしょう。しかし，第4章でも述べたように，行動は，文脈と意味によって機能的に定義されるのです。この場合，肝心な行動は，相手が誠実で正直であると「信頼する」ことです。機能的な観点で見ると，クライエントの親密な人間関係で生じる信頼行動は，セラピストとの関係でも生じるものであり，それゆえCRBとなります。

　このCRBの概念は，患者がその神経症的反応をセラピストに向けるという精神分析の転移の概念に似ていると思う人もいるでしょう。確かに，FAPでは，クライエントの日常生活での問題が，セラピストとの関係という文脈の中でも生じることを前提にしています。しかし，精神分析とは異なり，CRBは，日常生活から治療関係への正常で，非病理的な刺激般化の結果だとみなされています。つまり，FAPでは，クライエントとセラピストの関係は，現実の関係なのです。

　CRBには三つのタイプがあり，それらの違いを理解することが，FAPを実践する上で重要です。CRB1は，セッション中に生じるクライエントの問題です。上述した信頼感やスピーチ不安の例は，

CRB1 の一例です。明確に言うと，クライエントが信頼感や権威の
ある人に対する困難な思いを語ることは CRB ではありません。
CRB1 とは，今ここで実際に起きていることであり，セラピストと
の関係において生じる「信頼の問題」や「スピーチ不安の問題」な
のです。CRB1 は，定義上，クライエントの主訴と関連しており，
多くの場合，心を開かず，正直な感情や個人的な欲求をセラピスト
に表現することが難しいなど，情動的回避を伴うものです。日常生
活におけるこのような問題の現れとしては，親密なパートナーや両
親，同僚，友人との関係において，心を開かず，欲するものを求め
ず，感情を正直に表現しないことです。例えば，自分は妻に支配さ
れていると感じており，妻との関係において受動的なうつ病患者
が，セッションを重ねるごとに，セラピーで取り組む内容に対して
何の提案もせず，セラピストが提案することは何でも従順に受け入
れてしまうような場合です。

　CRB2 は，セッション中に生じるクライエントの改善です。FAP
の初期の段階では，CRB2 は起きないか，あったとしてもかなり弱
いものです（CRB1 の方が強度が高いため，そう予想されます）。多
くのセラピストに共通するテーマは，恐怖や拒絶，セラピストへの
愛など，通常は避けられている心の奥底にある感情をクライエント
に明かすよう促すことです。これらの感情をセラピストに明かさな
いことや自分から切り離すこと，あるいは隠してしまうことは，よ
く見られる CRB1 かもしれません。このような情動的回避が CRB1
となっているケースでは，治療やセラピストに対する感情を表現し
たり，抱いたりすることが CRB2 になります。同様に，クライエン
トの日常生活上の問題が，自らが望むことを他者に求めないことで

ある場合，CRB1は同じようにセラピストに対して要求をしないということになるでしょう。これに対応するCRB2の例としては，治療費の値下げをお願いする，予約時間の変更を申し出る，セラピストにクライエントについての正直な印象を尋ねる，などが考えられます。

　CRB2の定義は，「改善」ということばを軸にしていることに注意してください。CRB2が生じたのかどうかを知るためには，まずは，ベースラインのCRB1がどのようなものであるかを把握しておくことが重要です。例えば，何が原因でそうなったのか何の説明もなく，突然の治療中断を繰り返すクライエントについて考えてみましょう――これは明らかなCRB1です。CRB1による治療中断が何度か繰り返された後，このクライエントは，初めてセラピストに，「次の治療セッションまでの間隔が長すぎるので，治療を止めます」と言いました。するとセラピストは，後者の治療中断は，その理由について語られているためCRB2であると鋭く洞察し，1回のセッション時間を短くし，その分来談回数を増やすことを提案することで，クライエントを強化しました。

　CRB3とは，行動に対するクライエントの解釈であり，セッションにおいて頻繁に示されるものです。クライエントは，自らの行動の解釈をセラピストに尋ねることがよくあります（例：例えば「自分の思っていることを主張しようとすると，なぜこんなに不安になるのでしょうか？」）。FAPの観点から考えると，望ましい解釈とは，強化歴や罰歴に言及した，より機能的なものです。例えば，クライエントが，「私が不安になるのは，自分が価値のある人間だと思えないからです」と述べた場合，セラピストは，「ここまで育っ

てくる中で，自分の考えを主張したり，欲しいものを求めようとすると，私はいつも批判されて，罰せられ，ついでに自分が価値のない人間だと感じたものです」というような，より機能的な解釈を勧めます。より機能的な解釈が望まれるのは，それが，治療的な解決策を指し示すからです。例えば，「チャンスを捉えて，自分が望むものを求めてみて，罰を受けるかどうか確かめてみなさい」というものです。

　CRB1 と CRB2 の区別ができていないと，反治療的な介入をしてしまうことがあります。例えば，あるセラピストが CBT とリラクセーションを用いて，クライエントが夫に自己主張することへの恐れを克服するのを援助していたとします。数週間の取り組みの後，セラピストは，自らが夫役となりロールプレイをすることを提案しました。夫役のセラピストがシャツのアイロンがけを求め，クライエントに自分の思っていることを主張してみるよう促しました。すると，クライエントは，あまりにも人工的な感じがするという理由で，ロールプレイへの取り組みを丁寧に断りました。セラピストは，これがセラピストに対して主張的になるという重要な CRB2（彼女と彼女の夫が望む目標）であることを認識できておらず，クライエントが明らかに先に実施した CBT やリラクセーション訓練を十分に理解できていないようだと言って，クライエントがロールプレイを受け入れやすくなるまで CBT やリラクセーション訓練を繰り返すと伝えたのです。このセラピストが善意であったことを疑う余地はありませんが，うかつにも重要な治療の機会を逃してしまい，さらに悪いことに，CRB2 を罰してしまったのです。このように，このセラピストの反応は反治療的なものでした。

　この章の冒頭で，私たちは，CRB のタイプを見分けることが FAP を実践する上で重要だと述べました。不用意に CRB2 を罰したり，CRB1 を強化したりすることは反治療的だと考えられます。効果的な FAP には，CRB2 のシェイピングと育成（nurturing），そして強化が含まれます。

第9章

情動と感情

　クライエントの情動（emotion）と感情（feeling）は，FAPにおいて重要な役割を果たします。しかし，このテーマに対する私たちのアプローチは，他の多くの心理療法とは異なります。その捉え方の違いは，(1) 感情とは何かということについての説明，(2) 感情や情動が問題行動の原因になることはないが，それらを回避することが問題行動の原因となることが多いという主張，(3) クライエントが治療セッション中に感情的になることが重要である理由についての説明，にあります。

　FAPでは，「感情」ということばは二つに分けて捉えられ，それぞれに異なる意味を持つことばとして用いられます。一つは動詞としての意味であり，もう一つは名詞としての意味です。動詞として用いられる場合，感情活動であり，見たり聞いたりするような感覚的な活動の一種です（行動主義者にとって，「見ること」は行動です。「見ること」は，私たちが行うことであり，強化随伴性によってシェイピングされるものです）。名詞の場合は「私は，感情（名詞）を感じている（動詞）」というように，感情（情動とも呼ばれる）は感じられる対象です。

　しかし，私たちが，落ち込んだり，不安になったり，喜んだり，絶望的になったりするときに，感じられている対象とは何なので

しょうか？　私たちの行動論的な見解では，私たちが感じているの
は私たち自身の身体だと主張します。身体感覚のプロセスには，
「内受容性」と「固有受容性」の神経系が関与しています。これら
二つの神経系は，恐怖，怒り，抑うつ，不安，喜びなどに関わる身
体部位から刺激を受けます。

　身体はどのようにして，そのような特定の状態になり，それを感
じるのでしょうか？　それは，私たちのユニークな学習歴（オペラ
ント条件づけ，レスポンデント条件づけ，ならびにこれらに関わる
言語プロセス）の結果です。ここで重要なのは，恐怖，怒り，傷つ
き，愛などの感情と関連する身体的状態の決定的な原因は，外部環
境にあると捉える点です。しかし，身体的な状態が存在するだけで
は，人は感情を認識したり，表現したりすることはできません。

　私たちは，ボール（球）が何であるかを知らないで（あるいは気
づいてさえいないで）生まれてくるように，自らの情動とは何であ
るのかを知らずに生まれてくるのです。それらは，大人から，大抵
の場合は親や養育者から教わるものです。感情の場合，感じている
対象（身体）は私的なものであることから，感情に気づき，特定す
ることを子どもに教えようとする親や大人は不利な状況におかれま
す。それは，ボールに気づく（ボールを見る）ことを教える場合に，
大人がボールを指さして，その名前を発音し，「ボール」と言う反
応を強化することができるのとは異なります。したがって，私たち
が何を感じているかについて混乱があるのは当然です。また，「今，
何を感じていますか？」と聞かれたときに，クライエントが戸惑い
の表情を見せて「分かりません」と答えたとしても，驚くことでは
ありません。感情のラベル付け（あるいは自覚）について混乱して

いることに加えて，私たちの文化では，情動を顕わにすることを基本的に禁じているため，感情の表現や表出はしばしば罰せられます（Nichols & Efran, 1985）。その結果，多くのクライエントの問題には，次のような困難が含まれています：(1) 感情を特定したり，記述したりすること，(2) ネガティブな（またはポジティブな）感情が生起する状況を避けること，(3) 感情に気づかない（切り離す），あるいは「麻痺」すること，です。

　CRB に気づき，CRB を引き起こすことで（ルール 1 とルール 2，第 18 章を参照），クライエントに，治療セッション中に感情に触れること，情動的になることの行動論的な根拠を提供することができます。FAP のセラピストは，セッション中に感情的になることの重要性は，（例えば，「瓶詰めにされた感情を解放するのは良いことです」や「我慢していると，他の形で出てきてしまう」などの）カタルシス解放によるメリットに基づくものでは**ない**ことを強調します。感情を避けることにはコストがかかるという根拠があります。感情の回避は，自らの内的（身体的）状態や，外的（対人的）環境に対する気づきを低下させ，感情を喚起する状況を意図的に回避すること（例えば，親密になりそうな関係から距離を置く）によって達成されます。このように，情動の欠如は治療の妨げとなり，それに伴って，日常生活の他の領域に支障を来します。情動の表出は，クライエントが，自分自身や世界と向き合っていることを示す指標となり，また，生活を向上させるための新たなふるまい方を学習する機会を提供するため，非常に重要です。例えば，終わってしまった人間関係を悲しむことを避けているクライエントに，私たちは次のように伝えるかもしれません。

「十分に悲しむことは大切です。なぜなら，別れた相手のこと
を考えたり，感じたり，話したりすることを避けていると，つい
には，かつてその人と一緒にした活動を避けたり，その人に抱い
ていたのと同じ感情をひき起こす可能性のある新たな人々との出
会いを避けてしまうかもしれません。さらに悪いことに，誰かに
魅力を感じる，つながりを感じるという個人的な感情に気づくこ
とができなくなってしまうかもしれません。こうしたことを避け
ると，あなたの人生の豊かさが損なわれるだけでなく，何がうま
くいかなかったのかを考えたり，身近な人とまた同じような問題
が生じたときに，どのように対処したらよいかを学んだりする機
会まで失ってしまいます」

　情動の回避を減らすのに役立つもう一つの介入は，セッション中
に，そのような回避（CRB1）を引き起こす状況を再提示すること
です。例えば，クライエントが，他者からの思いやりを受け入れる
ことが難しく（他者による思いやりの感情表現の回避），自らの感
情，特に親密感に触れて，それを表現することに援助を要する場
合，私たちは，クライエントに対する思いやりやつながりに関する
感情をセラピストが積極的に表現することを奨励します。
　ルール３（第18章参照）にあるように，情動の表出に対するセラ
ピストの反応は，情動回避の低減を促し，治療的進展の場面を設定
するために，自然な強化であることが理想的です。自らの感情表現
や他者からの感情表現を苦手とするセラピストは，そのような励ま
しをすることが難しく，クライエントが感情に接触することや感情
を表現することを不用意に罰してしまうかもしれません。このよう

なタイプのレパートリーが欠如している人は，明らかに，情動反応をひき起こす刺激との接触を増やすことが必要なクライエントとうまくやっていけないでしょう。したがって，セラピストは，自らの気づきを高め，自分自身の問題に取り組む姿勢を持つように努めねばなりません。クライエントが自らの感情に対処するのをより効果的に支援できるように，セラピストが自らの回避レパートリーについて検討できる質問については，第19章を参照してください。

第 10 章

自己の発達

　情動や感情と同じように，自己もまた，多くのクライエントが抱える問題の中で重要な位置を占めています：「私には自尊心がない」「自分が何者か分からない」「本当の自分を見つけたい」「家族に，最近自分らしくないと言われる」などです。実際のところ，自己は，心理療法の歴史の中でも突出したテーマであり，これまでに多くの自己に関する理論が提唱されてきました（Deikman, 1973; Erikson, 1968; Kohut, 1971; Masterson, 1985）。

　読者は，行動主義者がこのテーマについて言及していることに驚くかもしれません。行動主義者にとって，自己を経験することや自己に気づくことは行動です。しかし，それは良い映画を見たり，暖かい太陽の光を肌で感じたりするのと全く同じように，人は自己を経験したり，自己に気づいたりするということです。

　自己とは何なのでしょうか？　多くの人にとって，自己とは他のすべての経験の中に存在し続けているものです。人が考えたり，見たり，感じたり，欲したりすることなどは，その時々で異なりますが，自己の経験は安定したものであり，考えること，見ること，感じること，欲することが起こる安定して確固とした配景（perspective）です。そして，すべての行動と同じように，自己の経験は学習されます。学習される内容は，先の章で述べたように，情動や感情につい

て学習される内容が異なるように，教育の質によって異なるかもしれません。しかし，自己の経験や他の私的な出来事については，学習がかなり厄介なものであり，問題が生じる機会が十分にあることが分かっています。

「ボール」と言うことを学習している子どもを思い浮かべてみましょう。子どもが，実際のボールを前にして，「ボール」と言った場合，親や養育者は興奮した様子を見せたり，褒めたりして，正しいラベルづけを強化します。子どもが，ボールではないものを「ボール」と言った場合には，親は子どもに訂正するか，無視します。このようにして，類似の訓練を繰り返し，また，この例では説明できない他の行動プロセスを経て（Hayes, Barnes-Holmes, & Roche, 2001），子どもはボールを正しく同定することを学びます。子どもが「ボール」と言うのが正しいかどうかは，親がボールの存在を確認することで簡単に判断できるので，このような訓練は比較的簡単です。

では次に，「空腹だ」と言うことを学習している子どもを思い浮かべてみましょう。ボールの場合と同様に，子どもに「空腹だ」（あるいは「ごはんが欲しい」「ごはん」「食べる」「お腹が空いた」などの機能的に等価なことば）と言ってもらいたいのは，空腹感を経験しているときで，その他の経験をしているときではありません。ここで親に与えられている課題は，先のボールの場合よりも，間違いなく難しいものです。空腹感は私的な経験であり，親が見たり，触ったりして簡単に近づくことができる公的な対象物ではないため，それを確認することがはるかに難しいのです。親は，子どもが最後に食事をしてからの時間やここ最近の食事量，また，子ども

のイライラした気分などに気づいて，「お腹が空いているんだね」と言うかもしれません。もちろん，敏感な親は，ほとんどの場合，この難問にうまく対応していますが，どんなに理解度の高い親であっても，「ボール」ほど正確に「空腹」を捉えることはできないでしょう。

　親の中には，残念ながら，空腹感やその他の私的な経験を正確に捉えられない人もいます。子どもの食事時間を時計だけで判断したり，子どもの空腹という私的な経験を完全に無視したり，また，子どもの経験を考慮する前に，自らが空腹になるまで待ったりすることがあります。また，イライラしたり，泣いたりしたときに罰を与えることで，子どもが「空腹」を訴えようとする初期の試みを，阻止してしまう親もいます。行動主義者にとって，大人になってからの自らの空腹の経験がどの程度正確で自信があるかは，これらの学習経験やその他の学習経験の関数であり，教育の質によって，正確で自信に満ちたものから，不正確で混乱したもの，他者に依存したものまで連続的に変動すると捉えられます。お腹が空いているかどうか尋ねられたとき，この点に関する教育が不十分なまま大人になった人は，私的な経験を認識できずに，「分からないわ。あなたはどう？」と答えたり，空腹であるにもかかわらず「いいえ」と答えたりする可能性があります。彼らは，直接的な文脈の中で食べ物が提示されるまで空腹に気づかないかもしれません。

　臨床的に興味深い私的な経験の多くは，空腹感のようなものです。私たちは，自らの情動や欲望，欲求，空想，記憶などを同定し，ラベル付けすることを学習しなければなりません。この学習がうまくいくかどうかは，私たちが自分自身を同定し経験することをうまくできるかどうかに影響します――このような経験は，他のす

べての経験に共通して存在するものです。したがって，私たちの自己の経験は，正確で自信に満ちたものになるかもしれませんし，不正確で混乱した，他者に依存したものになるかもしれません。つまり，人は確信を持って「私は自分が何者かを知っている」と言うかもしれないし，「私は自分が何者か知らない」と言うかもしれません。この理論によると，境界性パーソナリティ障害や自己の障害（例えば，解離性同一性障害）などと診断されたクライエントが経験するような自己に関連する深刻な問題は，私的な経験に関して非常に混乱して，投げやりで，トラウマ的で，妥当ではない教育の結果なのです（Kohlenberg & Tsai, 1991）。

　このように，FAP のセラピストは，自己の問題に取り組むことを理論的に妨げるものはないと考えており，実際に，取り組むべき作業を明確にするような理論的立場を採用しています。自己の経験は，その経験を完全に私的に制御する（正確で自信に満ちた自己表現をもたらす）場合から，完全に公的に制御する（欠落した，不正確な，挫傷を負った，あるいは依存的な自己表現をもたらす）場合まで，連続的に変化するものとして概念化することができます。治療上の課題は，経験に対する私的な制御を形成することであり，機能的には，治療の時間は，そのための多くの機会を提供します。アジェンダの設定，ホームワークの提示，簡単な質問，また，治療上の誤解でさえも，すべてがクライエントの自己表現を引き起こし，強化する機会となります。FAP では，自己の経験に関する問題は CRB1 となり，FAP の技法のすべてがこれらの問題に対処し，変容させるために用いられます（Kohlenberg, Tsai, Kanter, & Parker, 2009b）。

第 11 章

親密性と愛着

　満足のいく親密な関係を築くことは，幸福感やウェルビーイング
の最も重要な源であると報告されています（Russell & Wells, 1994）。
親密な他者との継続的な相互作用の欠如は，不安障害や気分障害か
ら物質乱用に至る，大半の臨床的問題の発症，維持，再発に関与し
ています（Pielage, Luteijn, & Arrindell, 2005; Gable & Reis, 2006;
Van Orden, Wingate, Gordon, & Joiner, 2005; Burman & Margolin,
1992）。このような理由から，クライエントが彼らの人生の中でよ
り親密な関係を築けるように支援することは，普遍的な治療目標に
近いものだといえるでしょう。

　私たちが定義する親密性とは，自分の心の奥底にある考えや感情
を開示することであり，その結果，他者とのつながりや愛着，ま
た，親密な関係を感じることです。このようなつながりの感覚は，
Bowlby（1969）が母親と乳幼児の間に生まれる関係について述べた
ことの大人版です。ボウルビィ（Bowlby）の基本的な仮説は，生
存のための随伴性（自然淘汰）が母親と乳幼児を互いの腕の中に押
し込んだというものです。言い換えれば，苦痛を感じた際に，主要
な養育者にしがみついたり，向かっていったりする愛着行動には，
強力な強化が存在していたということです。ボウルビィの仮説は，
FAP の行動論的仮説と一致しています（Kohlenberg et al., 2009a;

Mansfield & Cordova, 2007)。

　言うまでもなく，誰かに心を開き，愛着を持つ能力にはかなりの
個人差があり，それゆえ，他者とつながっているという感覚を経験
する能力にも大きな個人差があります。初期の愛着研究では，幼少
期における愛着のプロセスを検討する傾向がありましたが，最近で
は，大人になってからの愛着の表現，特に恋愛や親密な関係におけ
る愛着の表現に焦点が当てられるようになりました（Meyer &
Pilkonis, 2001)。親密な関係の中で経験した随伴性の履歴にもとづ
いて，幅広い愛着のレパートリーが，効果的な親密関係を築く傾向
に影響を与える可能性があります。例えば，拒絶されることへの恐
怖や，それが親密な関係の構築にもたらす影響は，親密な行動に関
連する個人の強化歴と罰歴の明らかな結果です。愛着の理論家は，
これらの行動レパートリーを「安定型，不安アンビバレント型，不
安回避型の愛着スタイル」という観点から分類しており，これは，
「患者（およびセラピスト）が人間関係において快適で自信に満ちて
いるか，見捨てられることを恐れているか，あるいは防衛的な分離
を示す傾向にあるかを表しています」（Meyer & Pilkonis, 2001,
p.466)。マイヤー（Meyer）とピルコニス（Pilkonis）による文献の
短いレビューでは，(1) 子どもが養育者に愛着を示す方法，(2) 大
人が恋人に愛着を示す方法，そして，(3) クライエントがセラピス
トに愛着を示す方法には，共通点があると結論づけています。言い
換えれば，愛着関係を形成することは，これらの異なる文脈におい
ても機能的には同じだということです。

　FAP における親密さとは，クライエントが心を開き，心の奥底
にある秘密を明かしてくれるように持ちかけること，さらには，そ

れが特定のクライエントにとっての CRB2 であるならば，愛着や依
存を示すように働きかけることを含みます。この持ちかけは，CRB2
を構成する改善された親密な関係性の行動を生起させ，強化する場
面を設定します。私たちが言及している「親密な関係」は，「治療
に役立つ親密な関係」と呼ばれます。このような区別がなされるの
は，愛着を持ち，依存し，助けを求めてセラピストに頼るようにな
ることは，これらの同じパターンが，治療以外の場の親密な関係で
示される方法と形態的に（機能的にではなく）異なると考えている
からです。セラピストは，暗黙のうちに，あるいは明示的に，クラ
イエントにリスクを取るように，罰せられないと信じるように求め
ています。

　このように，FAP の立場からすると，治療関係は，理想的には，
親密さの発展を妨げるクライエントの行動（CRB1）を喚起し，親
密さを生み出す行動の改善（CRB2）を促し，強化するものになり
ます。Cordova と Scott（2001）によると，より親密になるという
ことは，リスクを伴うものであり，怖いことでもあります。私たち
が愛着やつながりを恐れる理由は，過去に（おそらく幼少期にまで
遡って）そのような行動をとったことで罰せられたことがあるから
です。つまり，つながりを深めることは，私たちを対人関係におい
て脆弱な立場に置くことになります。クライエントの情動的に親密
な表現を改善するためには，セラピストが，対人関係において傷つ
きやすい行動（CRB2）を自然に強化することが不可欠です。クラ
イエントの日常生活において，親密な表現は，通常，他者からの関
心の高まりや注目の高まり，相互的な自己開示によって強化されま
す。「共有してくれてありがとう」というような作為的あるいは恣

意的な反応は，おそらく自然な強化子にはならないでしょう。したがって，親しい人を亡くした悲しみを打ち明けてくれたクライエントには，そのような悲しみの深さに耳を傾けようとする姿勢とともに，そのような喪失に耐えることへの深い悲しみの感情をあらわにして対応するセラピストが最適です。

　クライエントは，自己開示のリスクを冒すだけでなく，親密な関係を構築し維持するために，他者の親密な対人行動を強化することを学習しなければなりません。よって，セラピストの対人的に傷つきやすい表現も強化されなければなりません。例えば，あるセラピストが，クライエントを気遣う思いを表現するために，その週はクライエントのことをよく考えていたと明かしたとします。それに対し，クライエントが「そのためにお金を払っているんですから」と答えたなら，セラピストのそのような開示は罰せられるでしょう。これは，クライエントが関係性を深める機会を自ら遮断しているという CRB1 であることを，セラピストが指摘する機会となります。この場合の CRB2 は，クライエントが，「あなたが私を気遣ってくれる思いの強さに，私はとても感動し，少し怖くさえあります。このように誰かに気にかけてもらうことは，私にとってとても新鮮なことで，それを信頼することさえ難しいくらいです」と言うことかもしれません。クライエントの他者とつながる行動を強化することに加えて，治療的に親密な関係を築くことには，もう一つの説得力ある理由があります。Sharpley（2010）は，セラピスト－クライエント間の（ボウルビィ的な）愛着は，治療同盟を支える共通の要因であり，すべての心理療法において改善をもたらす非特異的な要因であることを示唆しています。FAP のセラピストは，クライエン

トが親密な関係を築くことを学習するための「神聖な空間」（第 15
章を参照）とも言える，思いやりのある，感動的で，強化的な環境
を作り出すことに尽力します。

第 12 章

認知と信念

　行動的治療法のアプローチとして，FAP は，認知や信念をどのように扱うのでしょうか？　第 2 章で述べたように，行動論的知識を持たない多くの人々は，行動主義者は認知や信念の存在を否定し，心の「ブラックボックス」の中にある観察できないものは存在しないと考えていると学んできたかもしれません。

　このような行動主義の特徴は，FAP とは関係ありません。FAPでは，クライエントの行動，思考，信念，愛情，感情，希望，など，クライエントが行うすべてのことを真剣に捉えます。行動主義者は，精神的な経験を否定しませんが，それらの経験を，他の経験を説明するための実体として扱うことは避けています。例えば，認知理論では，スキーマのような認知構造が，特定の自動思考や顕在的行動を生み出すと考えられています（Clark, Beck, & Alford, 1999）。行動主義者は，認知構造やスキーマは存在しないと主張する一方で，思考の経験やそのプロセス，そして思考そのものには強い関心を持っています。

　より厄介な問題は，思考が行動をひき起こすかどうかということであり，長年にわたって行動主義者は，この問題についていくぶん矛盾していました。思考を原因とみなすことに対する第一の障害は，伝統的に行動主義者が原因を環境に求めることを好んでいたと

いう現実的なものでした。なぜなら，環境条件はおそらく操作可能
だからです。しかし，初期の行動的介入には，行動的な思考中断法
が含まれていたこともあり，現代の認知療法家は，認知療法の技法
が思考を変容するのにかなり効果的であると主張するでしょう。し
たがって，思考は操作可能ではないという議論は，今日の心理療法
的環境においては，あまり説得力がありません。

　思考を原因とみなすことに反対する二つめの論拠は，理論的なも
のでした。思考は行動とみなされるため，ある行動（思考）が別の
行動をひき起こす，ということになりますが，それは，行動の原因
を行動システムの外に求めたい行動主義者にとっては，理論的に問
題となります。しかし，言語と認知に関する伝統的な行動理論
（Skinner, 1957）も，より最近の理論（Hayes et al., 2001）も，私的
な出来事としての思考が，誘発機能や喚起機能などの刺激特性を持
ちうることを明らかにしています。言い換えると，人が考えること
は，その人がどう感じ，何をするかに影響を与えることができるの
です。FAP の観点から考えると，思考が行動に影響を与えること
を否定する行動主義者は，不必要に独断的だと言えます。このよう
に，今日の行動主義では，言語や認知について，そしてそれらが顕
在的行動にどのように影響を与えるかについて，豊かで洗練された
説明がなされています。

　FAP の観点からすると，認知の役割を否定する行動主義者と同
じくらい独断的なのが，臨床的に関連するすべての顕在的行動には
認知的な原因があるはずだとする認知主義者です。FAP では，思
考が行動に影響を与えることもあれば，そうでないこともあります
（Kohlenberg, Kanter, Tsai, & Weeks, 2010）。FAP では，思考が行

動に影響を与える可能性を認めつつも，思考と行動の関係を決定する要因として，個人の履歴と現在の文脈を探るという行動論的な世界観を保持しています。このことは，思考が行動に影響を与えるのかどうかは，他の文脈的な要因によって時々刻々と変化することを示唆しています。

　例えば，パニック発作を繰り返し起こすクライエントを考えてみましょう。そのクライエントは，バスに乗ったことがパニック発作の引き金になったと報告しています。バスに乗っているときに，何かパニックに関連する考えが浮かんでいたかを尋ねると，「はい，閉じ込められているような気がして，降りようと思っても簡単には降りられないと思ったのを覚えています。それからすぐにパニックを感じ始めました」と報告しています。このケースでは，パニックを引き起こしたことに関して，クライエントの思考が影響している可能性があります。したがって，A は先行事象（バスに乗ること），B は媒介する信念または認知（「閉じ込められている気がする」），C は情動的な結果（パニック）を表す，伝統的な認知的 ABC モデルが適用され，FAP のセラピストは，治療の一環として，このモデルを有効に活用することができるでしょう。

　しかし，バスに乗っているときのパニック関連の思考についての質問に対して，クライエントが次のように報告した場合，認知療法家と FAP のセラピストは，異なる対応をするでしょう。「私は何も意識していませんでした。バスの座席に着いた途端にパニックになったのです。実は，仕事のことを考えていました」。ABC モデルを教条的に守る認知療法家であれば，その状況で速やかに発生してパニックをひき起こした自動思考を探り続け，思考はあまりにも早

く発生するので、クライエントは気づかないかもしれないが、しか
しよく考えれば、理論的には存在するはずだと説明するでしょう。
FAP のセラピストは、おそらくこのようなことはしないでしょう。
なぜなら、私たちのモデルでは、パニックがバスに乗ることで直接
的にひき起こされ、思考が介在しない可能性を認めているからで
す。

　さらに、他の可能性もあります。例えば、バスに乗ったことで、
パニック関連の思考とパニック症状が同時に起こる可能性がありま
す。つまり、パニック思考は発生したが、それらがパニックの発生
には関与していないのです。あるいは、バスに乗ったことが直接的
にパニック症状をひき起こし、その症状が思考をひき起こした可能
性もあります。これは、ACB モデルです（Kanter, Kohlenberg, &
Loftus, 2004）。要するに、FAP が基盤とする行動論的な世界観は
非常に柔軟で、伝統的な ABC モデルは、思考と感情の関係を表す
可能な選択肢の一つに過ぎないと考えているのです。

　治療上、これは FAP のセラピストに多くの介入を可能にします。
ABC モデルが適用される場合、FAP のセラピストは思考に挑戦す
るために認知療法の技法（例えば、Beck, Rush, Shaw, & Emery,
1979）を用いるかもしれません。実際に、かなりの理論的・実証的
研究が認知療法（CT）に FAP の技法を加えることに費やされ、そ
の結果、FAP-Enhanced（FAP に高められた）Cognitive Therapy
（FECT）と呼ばれる治療が生まれています（R. J. Kohlenberg,
Kanter, Bolling, Parker, & Tsai, 2002）。FECT では、セラピスト
が、ABC モデルがあてはまるかどうかを状況ごとに評価します。あ
てはまる場合には、認知的技法を用いますが、その際にも、FAP の

セラピストとして，CRB が生じたときに FAP のプロセスに移行する機会には注意を払います。FECT については，第26章で詳しく説明しています（「他の心理療法に開かれていること」）。

しかしながら，ABC モデルが適用されるケースであっても，FAP のセラピストが認知的再体制化そのものに取り組む前に，さらに考慮すべき点があります。まず，思考が臨床関連行動と因果関係にある場合でさえ，行動的な研究や理論（Hayes, Strosahl, & Wilson, 1999）によると，伝統的な認知療法のように思考に挑戦することは，最善あるいは最も有用なアプローチではない可能性があります（Longmore & Worrell, 2007）。その代わりに，FAP のセラピストは，アクセプタンス＆コミットメント・セラピー（ACT）の技法のように，思考内容の変容に直接的に働きかけるのではなく，クライエントがその思考を受け入れ，影響を和らげるのを援助することを選択することもできます。FAP と ACT の統合については，いくつかの論考やケース・スタディが発表されています（Baruch, Kanter, Busch, & Juskiewicz, 2009a; Callaghan, Gregg, Marx, Kohlenberg, & Gifford, 2004; B. S. Kohlenberg & Callaghan, 2010）。

FECT は有望であることが示されていますが，いくつかの理由から，最終的には，CT の挑戦的なアプローチよりも，ACT の受容にもとづくアプローチの方が，FAP とその世界観に合っていると考えられます。第一に，ACT と FAP は，行動主義を基盤としている点で共通しています（ただし，ACT は，この哲学を**機能的文脈主義**としていくらか捉えなおして名称を変更しています）。第二に，ACT も FAP も，最終的な目標は，クライエントによって表明された目標や価値に沿った行動変容であるのに対し，CT では，よ

り医学的な症状軽減に向けたアプローチがとられます。最後に，ACT のセラピストの受容的なスタンスは，FAP のセラピストの共感的につながったアプローチとうまく合致しますが，CT における治療的関係は，FAP とはそれほど自然に合致しません。実際，ACT の技法は，クライエントとセラピストの間の今ここでの体験にセラピストの注目を向けさせることが多く，ACT を行いながら FAP のプロセスに移行する機会を容易に提供してくれます。

第13章

隠された意味

　もしある女性が，パートナーに「牛乳がもうないわ」と言ったなら，それは何を意味しているのでしょうか？　単に，冷蔵庫に牛乳がないという意味でしょうか？　それとも，パートナーに買い物に行くよう頼んでいるのでしょうか？　それとも，パートナーが約束通りに牛乳を買ってくるのを忘れてしまったことに苛立っているのでしょうか？　同じように，もしクライエントが「どうしたらいいか分かりません！」と言ったなら，それは何を意味しているのでしょうか？　彼女は，単に混乱している状態を表現しているのでしょうか？　それとも，これは，セラピストが何かを提案するプロンプトになるのでしょうか？

　行動主義者にとって，発言の意味とは，その機能です――その発言は，世界の中で何を成し遂げるのでしょうか？　行動は，言語行動と考えられる発言を含め，私たちが気づいていない機能を持っていることがあります。例えば，私たちは，パートナーにお店に行くように頼んでいることを意識せずに，「牛乳がもうないわ」と発言することがあります。

　言語行動（すなわち，話すこと，考えること，書くこと）では，隠された機能（すなわち，隠された意味）の可能性が特に大きくなります。私たちのクライエントは，時として，見かけ上のことばよ

りも多くのことを訴えていることがあります。機能という行動論的概念は，この賢明な行為（wisdom）を解き明かし，言語の複雑性を体系的に検討するための有用なツールを提供します（Kohlenberg & Tsai, 1991; Tsai et al., 2009c）。日常生活では，発言には，表面的な意味や見かけ上の意味があると言われます。例えば，「牛乳がもうないわ」という上記の発言は，表面上は冷蔵庫の中に牛乳がないということを示しているに過ぎません。私たちは，この発言の真偽を評価し，その発言の意味に対する従来型の分析はそこで終了するかもしれません。しかしながら，完全なる行動分析では，その発言がなされた文脈を評価して，「その発言はどのような機能を果たしたのか？」という疑問に取り組みます。行動分析家にとって，発言の意味は，その見かけ上の意味を超えて，その機能にまでおよびます。たとえ，牛乳がもうないというのが本当だとしても，そこには答えるべきさらなる質問があります：なぜそれは今言われたのか，もっと早くあるいはもっと後ではなく？　それは，どこで言われたのか？　それが言われた直後に何が起きたのか？　話し手と聞き手の歴史の中で，この出来事に関連してこれまでに何があったのか？このようにして，「牛乳がもうないわ」という一つの発言に，一つの物語全体が集約されていきます。私たちは，同じ発言が登場する数多くの物語を想像できるかもしれません。

　同じ発言が複数の異なる物語に登場することがあるように，そのことばは最も明白な機能以外にもさまざまな機能を果たすことがあります。10代の若者が皮肉たっぷりに「わあ！　ご教示ありがとうございます！」と言ったり，近所の人がドレッサーを玄関の階段に上げて喘ぎながら，「やれやれ，これは本当に重い」と言ったりす

るように，日常生活には明らかに隠された意味を持つ発言の実例が
たくさんあります。これらの例での隠された意味は，前述のように
比較的明らかなものであり，話し手と聞き手はともにその複数の意
味に気づいています。

　しかし，ＦＡＰ のセラピストが心に留めておくべき重要なポイン
トは，治療的に関心の対象となる隠された意味は，意図的でも意識
的でもないかもしれないということです。混乱しているときに「ど
うしたらいいのか分かりません！」と言って，頭の中が真っ白にな
り，パニック症状がわき上がってきている最中に，悲しげにセラピ
ストを見つめるクライエントは，自分が過去に，大切な人と混乱状
態を共有したときに，それらの人々が，自分のために行動を起こし
てくれたということに気づいていないかもしれません。そして，彼
女は，今，他のさまざまな可能な反応よりも，混乱を共有すること
（そして，相手が行動を起こすまで，ますます不安になること）を
好むようになっています。つまり，彼女の発言は，相手が自分のた
めに行動してくれることの間接的な，あるいは意図的でない要求と
して機能しているのです。この例は，自殺予告の中には，表向きに
は，自傷行為を試みる意志があることを聞き手に伝えることを意図
していても，助けや注目を求める潜在的な，または隠された叫びで
ある可能性があるという考えと，直接比較することができます。こ
の機能は，この人物が過去に家族や養育者からそのような援助（強
化）を受けた唯一の方法であったという履歴から得られたものであ
り，本人は，その機能を意識したり，その機能をもたらした歴史を
洞察したりする可能性もあれば，しない可能性もあります。

　もう一つのよくある隠された意味の一例として，クライエントが

直接話したがらない嫌悪的な状況があると，クライエントは別の（おそらく嫌悪感の少ない）関連する話題を口にするようになります。例えば，大切なセラピストとの治療の終結が近づくと，クライエントは，次第に，関係のない喪失感や別れについて話すようになるかもしれません。また，治療の進捗状況に不満を持つクライエントは，ガレージの片付けができないことへのフラストレーションを長々と話すかもしれません。

　隠された意味を探ることの治療的価値には，CRBを発見することが含まれます。例えば，自殺予告は，本当は話を聞いてもらいたい，共感してもらいたいという問題をはらむ試み（CRB1）であり，同じ機能を果たすより効果的で直接的な行動（例えば，セラピストにもっと時間をかけてほしい，思いやりの証拠を見せてほしいと頼むなど）へとシェイピングされていくかもしれません。同様に，ガレージの掃除が大変だと話すクライエントは，治療の進展に不満があるという感情を直接的に表現すること（おそらくCRB2）を回避している（CRB1）のかもしれません。より一般的に言えば，隠された意味を探ることは，無意識を意識化するという精神分析の目標に似ていますが，FAPでは，この新たな気づきを対人関係の改善に用いることを強調しています。

　隠された意味は，他のCRB候補と同様に，そしてあらゆる機能分析と同様に，丁寧に，偏見なくアセスメントされるべきです。クライエントの発言に隠された機能の可能性を探るには，次の質問を心に留めておくのがよいでしょう。私たちは，これらの質問をクライエントに直接することを勧めているわけではありませんが，クライエントの洞察力が高く，治療同盟が強固な場合は，これらの質問

が役に立つかもしれません。

- そのような発言に対して，過去に，他の人がどのように反応してきましたか？
- そのような発言が，どのように強化されたり，形成されたりしてきましたか？
- 隠された要求はありませんか？
- そのような発言は，どのような状況で起こりますか？
- 他に似たようなトピックが，クライエントの頭（mind）に浮かぶ可能性はありませんか？
- この発言によって，どのようなテーマが提起されますか？
- 口に出しづらい重要な問題がありませんか？　この発言は，その問題と関連していませんか？

　そのような隠された機能は，クライエントの人間関係に大きな影響を及ぼす可能性があるため，FAP のセラピストは，クライエントの会話や自らの会話の中に隠された意味があるかどうかに気づく練習をすることが重要なのです。

第14章

治療関係は現実の関係である

　FAPの基盤となるのは，クライエント‐セラピスト関係が，クライエントの日常生活における問題行動の実例を引き起こす可能性があるということです。例えば，大切な人を喜ばせようとするあまり，自分にとって大切なことを求めず，大切なことを受け取る可能性をつくり出さないという犠牲を払っているクライエントがいるとします。FAPは，そのようなクライエントは，セラピスト‐クライエント関係という文脈においても，同じことをする機会があるという前提にもとづいています。つまり，彼らは，セラピストを喜ばせるために全力を尽くし，自らの期待や要求の一部を満たすことを求めないのです。FAPの用語では，クライエントの「求めない」は，CRB1（第8章参照）と呼ばれ，日常生活上の問題が，まさに今ここで実際に発生している状態です。ひとたび，このCRB1が生じていることにセラピストが気づけば，治療的な作業は明白なものとなります。それは，改善された実際のクライエントの行動（CRB2）を育み（nurture），形成し（shape），強める（strengthen）ということです。例えば，クライエントがリスクを取る能力や，セラピストや治療に求めていることをより直接的かつ巧みに表現できるようになることを強めたり自然に強化したりすることが目標となります。治療の目標は，治療関係の中で培われたクライエントの改

善された対人関係のスキルが，日常生活の人間関係に般化したとき
に達成されます。

　前述のことから，次のような疑問が生まれます。「治療環境やセ
ラピストが，クライエントの日常生活に存在する人間関係や人々と
は明らかに異なるのなら，クライエントの日常生活の問題が治療中
に発生するということがどうして可能なのでしょうか？　それに対
応して，もし，セラピスト－クライエント関係に改善があったとし
て，なぜそれらが日常生活に般化すると期待されるのでしょう
か？」上記の疑問には，治療関係は人為的なものであり，外の世界
に存在する「現実」の関係とは異なるものという考えが含まれてい
ます。

　例えば，週に一度，特定の時間に 45 分間会うこと，料金，面接
室以外の場所でクライエントと接触してはいけないなどの境界，身
体的な親密さの禁止など，治療状況の多くの特徴が人為的なもので
あることを私たちは認識しています。一方で，行動論のレンズを
使って，治療関係で実際に何が「現実」なのかを検討する場合に
は，「現実」ということばの意味を理解するために機能分析に目を
向けます。治療関係において「現実」であるということは，日常生
活の人間関係で喚起されるのと同じ反応を引き起こすこと，つま
り，それらの状況が機能的に等価であることと定義されます。例え
ば，典型的な治療の場は，二人の人間が集まり，その二人のうちの
一人の問題について話し合うというものです。本質的に，治療の場
は，リスク負担や開示，信頼，誠実さが求められる対人関係の文脈
です。それゆえ，治療の場には，関心を向けられたり，大事に思わ
れたりするという情動的な親密性に関連する刺激に加えて，評価や

拒絶，社会的な罰に関連するすべての刺激が含まれています。同様
に，治療関係には，始まりと終わりがあります。したがって，クラ
イエントの日常生活における問題が，親密性やリスク負担，開示，
信頼，拒絶，始まりと終わりに関係しており（よくあることとし
て，第 11 章を参照のこと），それらの問題が，セラピスト−クライ
エント関係において喚起されるならば，機能分析は，治療関係がこ
れらの領域で「現実」であることを示すでしょう。同じ理由によっ
て，治療関係がこのように日常生活と機能的に等価であれば，般化
が生じることが予測されます。

　クライエントは，セッションの時間や頻度に関する一般的な制約
のような人為的な境界線のために，セラピストと情動的なつながり
を持てない，心を開くことができない，弱さをさらけ出すことがで
きない，治療的に親密になることができないということがあります
（第 11 章参照）。これはもっともな反論かもしれませんが，FAP の
セラピストは，機能的な視点を持ち続けることが重要です。例えば，
クライエントの日常生活における問題が親密な人間関係の形成に関
係しているならば，治療の場と外部の人間関係の機能的な類似性
（現実性）は，（治療の内外を問わず）すべての人間関係には制限と
境界線があるということです。クライエントの CRB には，誰かと
つながりを持ったり，すべての対人関係に内在する限界や失望に対
処する際に伴うリスクを取らないことが，含まれるかもしれません。

　本章では，治療関係が現実的である（つまり，日常生活と「同じ」
である）領域を説明し，評価するために，機能分析をどのように適
用するのかに焦点を当ててきました。加えて，FAP には，セラピ
スト−クライエント関係の機能的等価性や現実性を高めるための介

入や提案が含まれていることも指摘しておきます。FAP のセラピストは（クライエントの標的行動を念頭に置いた治療的文脈の中で），ありのままの自分であること，自己開示すること，純粋であること，肯定的な感情を表現すること，そして，クライエントの行動を喚起する際にも自然に強化する際にも勇気と治療的な愛を持つこと，が奨励されます（第 22 章，第 23 章，第 25 章）。同様に，FAP のセラピストは，通常，標準化された「フリーサイズ（one size fits all）」の介入を避け，ロールプレイ，行動リハーサル，社会的スキル訓練などの使用を制限しています。なぜなら，これらの方法は人為的であるリスクがあり，機能的等価性（現実性）を低下させる可能性があるからです。さらに，ひとたび CRB2 が治療関係で生じると，FAP は，セラピスト－クライエント関係から得たものをクライエントの日常生活へ移すためのガイダンスを提供します（第 23 章と第 25 章を参照）。

第 15 章

信頼と安全が確保された神聖な空間の創造

FAP において，信頼と安全を育むことの重要性は，いくら強調してもし過ぎることはありません。セラピストは，このプロセスを，治療的取り組みのための「神聖な空間（sacred space）の創造」と表現することができます。**オックスフォード辞典**によれば，神聖な空間とは，ある人物や特別な目的のために捧げられたものであり，特別な場所で，排他的に使用され，侵害や侵入から制裁によって守られているものだとされています。この言葉をクライエントに使うと，とてもパワフルになるかもしれません。FAP のセラピストがクライエントに「神聖な空間」という言葉を使うかどうかに関わらず，重要な点は，機能的には，ここで定義されているように，その関係は確かに神聖なものであり，信頼と安全を創り出すことが不可欠だということです。

信頼とは，行動論的に言えば，自分が傷つく可能性がある状況で他者に接近する傾向，と捉えることができます。したがって，信頼とは，本質的に，ある人が他者の前で，また他者に向かってリスクを取る傾向がある状況を表しています。FAP では，信頼と安全を確立することが極めて重要です。なぜならば，クライエントは，リスクを負い，弱さをさらけ出し，快適さの限界を超え，セラピストを信頼するための行動を起こすように形成され，強化されるからで

す。とは言うものの，信頼するという行動は，治療の目標であるか
もしれませんし，最初のセッションから完全に信頼してくれるクラ
イエントは稀でしょう。実際，そのような無批判的な信頼は，信頼
することができないのと同じくらい問題であるかもしれません。

　信頼と安全を育むことは，FAP の他のすべてのことと同様に，
個別的なプロセスです。そのため，多くのクライエントにとって，
的確な共感，温かさ，反映的傾聴法（リフレクティブ・リスニン
グ），承認などの「非特異的」と呼ばれる行動の数々は，この目的
のために初期のセラピストの行動として非常に重要なものとなるで
しょう。

　多くの理論家，特に Carl Rogers（1961）は，このような非特異的
なセラピストの反応の重要な特性は，無条件であること（クライエ
ントの特定の反応に随伴しないこと）だと主張していますが，FAP
のセラピストは異なる立場をとっています。Follete, Naugle, & Cal-
laghan（1996）で詳しく述べられているように，FAP のセラピス
トの反応は，幅広いクラスの行動（例えば，信頼関係やその他の治
療を促進する行動，関係を構築する行動など）を強化する可能性が
あると考えられています。セラピストの行動は，治療が行われ関係
が構築されるために必要な行動のクラスに対する般性随伴強化
（generalized contingent reinforcement）とみなされます。このクラ
スには，信頼する，時間どおりに現れる，重要な個人情報を開示す
る，注意を払い質問に適切に答える，セラピストの感情に対する思
いやりや関心を示す，セッションに参加するなどの行動群が含まれ
ます。

　しかしながら，典型的な FAP のクライエントにとって，信頼と

安全の育成は，これらの基本的な治療スキルを超えて，よりいっそう私的で純粋な領域にまで及ぶ可能性があります。セラピストは，（セラピストという公的な役割の陰に隠れることなく）自らの考えや反応，観察をより率直に伝えることによって，このようなクライエントとの間に信頼や安全を育むことができます。そして，クライエントに次のようにすることを促すことができます。(1) 質問すること（例えば，「私自身のこと，私が受けてきた訓練，私の経歴ついて何か質問がありますか？」または「あなたがセラピストに最も求める資質は何ですか？」など），(2) セラピストに対する自分の反応を伝えること（例えば，「私の性別，年齢，民族性について，どんな感想を持っていますか？」など）；(3) 予約に関する気持ちを伝えること（例えば，「今日この予約をすることについての，あなたの考えや気持ちは？」または「あなたにとって初めての本当に良いセッションとなるには，何が必要でしょう？」など）。しかしながら，FAP のセラピストは，クライエントの履歴によっては，セラピストの行動が特定のクライエントにとって嫌悪的なものとなる可能性があることを念頭に置いています。つまり，治療の初期段階からセラピストの刺激機能を評価することが重要です。

　他者の信頼を得るためには，数多くの行動が必要です。これらの信頼構築のための行動は，治療場面に限ったものではありません。FAP では，セラピストが，面接室に足を踏み入れた途端に別人になるとは考えていません。むしろ，治療以外の場でよく実行され，統合された行動が，面接室で成功する可能性が高いのです。このような信頼を高める行動には，次のようなものがあります。(1) 的確な共感的反応を示すこと。(2) 正直で純粋であること。(3) 約束を

守ること。(4) 一貫性のある予測可能な行動をとること，あるいは，一貫性のない予測不可能な行動をとる理由を説明し，その行動が意味をなすようにすること。(5) 相手の期待を認識し，それが正確でない場合は修正すること。または，自分が期待に沿えない理由を説明すること。(6) 答えが分からないときには，それを認めること。(7) 最も相手のためになることを見極め，相手を利用したり傷つけたりしないこと。(8) 相手が打ち明けた重要なこと（人，出来事，記憶）を覚えておくこと。(9) 相手の弱い面に合わせることを厭わないこと。(10) 過ちを認めて責任を負い，不和を修復することができること。(11) クライエントの真実や開示を丁寧に敬意を持って遇すること。

　クライエントの成長に貢献するために，私たちはクライエントの行動をシェイピングするだけでなく，私たち自身がクライエントによってシェイピングされるようにします。Martin Buber（日付不詳）が述べたように，「すべての旅には，旅人が気づかない秘密の目的地がある」のです。そのような旅の神聖な空間の中で，それぞれの治療関係を経験してください。

第 2 部　FAP の実践的特徴

第16章

治療の理論的根拠と治療の始まり

　治療の理論的根拠（rationale）とは，治療の開始時にクライエントと行う話し合いです。そこでは，現症状について考えられる原因や，治療がどのように行われるかについての説明が提供されます。理論的根拠は，FAPに用いられる介入の種類の文脈を明らかにし，クライエントとセラピストの期待の相違によって引き起こされる治療同盟の問題を緩和するために重要です。このような理由から，私たちは書面であれ口頭であれ，理論的根拠を正式に提示することを推奨しています。理論的根拠が示されていない場合，クライエントは過去の経験や一般的な知識をもとに，どのような治療が行われるのかを考えますが，その考えがセラピストの計画と異なっていると，治療の進行に支障を来す可能性があります。

　セラピストとクライエントの関係が，治療目標を達成するための焦点であり，鍵となる要因だということを確認することの他に，FAPのすべての理論的根拠が一つの規格に収まることはありません。以下で示す例には，さまざまなFAPの理論的根拠が含まれています。示されるのは，(1) セラピストが自らの治療的アプローチに合わせて理論的根拠を脚色する方法，(2) 治療のパラメータ（例えば，短期間か長期間か），(3) 治療目標，そして，(4) 理論的根拠が患者の症状を引き起こす度合いに関して，セラピストがとるリス

クの大きさです。しばしば，セラピストとクライエントの関係に焦点を当てることに言及するだけでも，CRB を喚起することがあります。

例 1：2 回目のセッションで示された理論的根拠

　次のような理論的根拠の提示とそれに対するクライエントの反応が，2 回目の治療セッションで行われました。1 回目のセッションで，クライエントは，自分の主な問題は不幸，自尊心の低さ，自分は良い人間ではないという感覚，そして他者，特に母親が全般的に彼女のことを快く思っていないという信念だと述べました。2 回目のセッションでは，クライエントに対するセラピストの反応をクライエントはどう受け止めたかという点に焦点を当てた後に，次のような理論的根拠が示されました。

セラピスト：私が，私たち二人のことをたくさん話していることにお気づきだろうと思いますが，その理由をお話ししたいと思います。治療を効果的なものにする最も強力な方法の一つは，あなたの問題がまさに起きているそのときにその問題に働きかけることだと私は考えています。例えば，あなたがお母さんのことで動揺していたり，お母さんとの関係に問題があったりするときは，ここに座ってそのことについて話すかもしれません。そういうことが役に立つかもしれません。あなたがどう感じているのか，お母さんがどう感じているかというようなことを私たちは把握できるようになりますし，実際にある程度そのようなことも行いま

す。ですが，あなたが抱えている問題を，私との関係性の中で実際に経験する方が，より強力なのです。そう，例えばあなたが実際に経験したように。つまり，前回のセッションの終わりに起こったことに対して，あなたはお母さんに対するのと全く同じように反応したのです。

クライエント：その通りです。

セラピスト：そのようなことが起きている最中に，あなたがそのことを実際に把握することができれば，治療はより強力で効果的なものになります。それで私は，あなたになぜこのような質問をし，私たちの関係に焦点を当てているのか，その理由をお伝えしたかったのです。

例 2：非常に喚起力の高い書面による理論的根拠からの抜粋

　私たちがともに取り組む治療に期待できること：クライエントの皆さんは，喜びや苦悩，夢と希望，情熱と弱さ，ユニークな才能と能力など，複雑な人生の物語を携えて治療に臨みます。私との治療は，思いやり，尊敬，関わり合いという雰囲気の中で行われ，人生への新たなアプローチの方法を学ぶことができます。私たちの取り組みは協働作業です。あなたの意見は尊重され，治療計画や毎週のホームワークに活用されます。私はあなたとの取り組みに可能な限りの注意と努力を捧げるつもりですが，あなたも同じように努力してください。私は，あなたとの関係で何がうまくいっているのか，何を変える必要があるのかを，継続的に確認していきます。

　私が行う治療法は，機能分析心理療法（FAP）と呼ばれるものです。これは，ワシントン大学で開発された治療法で，行動的な基礎を持つものですが，必要に応じて他の治療法の手法を取り入れることができる理論的基盤を持っています。FAP では，あなたと私の間に形成される絆が，あなたの癒やしと変容のための主要な手段になることを強調しています。

　最も満たされている人々は自分自身と向き合っており，対人関係においても効果的にふるまうことができます。彼らは，自分の真実や才能について思いやりを持って話したり行動したりすることができ，愛を十分に与えたり，受け取ったりできるのです。FAP では，最高の自分を引き出すことに焦点を当てます。そのためには，まず自分自身とコアなレベルで向き合わねばなりません（例えば，求めていること，感情，憧れ，恐れ，価値観，夢，使命など）。あなたには，自分自身を十分に表現する方法，失ったものを悲しむ方法，マインドフルネスを身につける方法，より良い人間関係を築く方法を学ぶ機会があるでしょう。心（mind），からだ，感情，精神（spirit）など，あなたの経験のすべての側面に取り組みます。私は，あなたに，よりオープンで，傷つきやすく，気づきがあり，今ここにあるということを求めるでしょう。しかし，どのような状況においても，リスクを負うには適切なレベルというものがあります。あなたと私は，あなたの快適な領域からどの程度踏み出すことが，そのときのあなたにとって最適なのかを監視することが大切です。

　もし，あなたが私との間に問題（ポジティブなもの，ネガティブなもの）や困難を抱えていて，それがあなたの人生において他の人との間でも起こるようであれば，私たちの相互作用に焦点を当てる

ことが重要になるでしょう。人は，自分の考えや感情，願望を，嘘偽りなく，思いやりのある主張的な方法で表現する力を感じたとき，人生を自分のものにしたという強い実感を得るものです。私たちの治療関係は，あなたが力強くなる練習をする理想的な場となるでしょう。

　私は，あなたが私とともに治療に臨む空間は神聖なものだと考えています――私は，あなたとともに探求と成長の旅に出られることを光栄に思っていますし，あなたが分かち合うすべてに敬意と配慮を持って接します。私は，あなたとともにこの部屋にいる偽りのない人間であり，あなたのためになることをするのが私の主たる方針です。

例 3 : 例 2 よりも喚起力の弱いものからの抜粋

　FAP には，特定の疾患に対して実証的に支持されている認知行動療法の治療プロトコルがしばしば含まれます。同時に，FAP は，人生の大きな変化を成し遂げるためには，セラピストとクライエントの関係性が重要であることを強調しています。そのため，FAP では，必要に応じて特定の症状に焦点を当てるだけでなく，最高の自分を引き出し，自分を十分に表現する方法を学び，必要に応じて失ったものを悲しみ，マインドフルネスを身につけ，より良い人間関係を築く機会を提供します。もし，あなたが私との間に問題（ポジティブなもの，ネガティブなもの）や困難を抱えていて，それがあなたの人生において他の人との間でも起こるようであれば，私たちの相互作用に焦点を当てることが重要になるでしょう。私たちの治療関係は，あなたが他者との関係においてより効果的になる練習

をする理想的な場になるでしょう。

例 4：FAP に基づく短期療法の研究で提供された理論的根拠

セラピスト：この研究では，あなたが人間関係において親近感と尊敬の気持ちを高められように支援します。他の多くの治療法が，やり方を教えることに重きを置いているのとは対照的に，私たちがあなたの親密性を高める手助けをしようとする方法は，あなたと私の間で実際に練習するというものです。研究によると，真に効果的な治療者は，治療室であなたと私の間に現れている事柄が，あなたの日頃の人間関係にどのように現れているかと考える傾向にあります。例えば，あなたの目標が，「人間関係をもっと思いやりのあるものにしたい」ということなら，私たちはあなたに，「私たちの間で思いやりを持つにはどうすればいいか？」「私との新しい関係の中で，あなたが実際に思いやりのある人になろうとしていることを，私たちはどうやって知ることができますか？」と尋ねます。以上が，この種の作業の前提であり，これから扱う内容です。

クライエント：すると，ちょっとお伺いしますけれども，これは，私たちが大切な人間関係において実現したいと思っている行動上の変化は，私たちの治療関係の中で具体的に実践するなら，より容易に実現できることを検証するための研究だということでしょうか？

セラピスト：そうです，それはロール・プレイではないのです。私
　　たちの間で現実に起きている方が実際にはるかにパワフル
　　で，私はあなたに，本当に偽りのない，真のフィードバッ
　　クを与えることができます。例えば，あなたは，私が取り
　　組もうとしていることについてお尋ねになり，理解しよう
　　とすることで，思いやりを持って接してくれました。その
　　おかげで，私はあなたと一緒にいることがより快適になり，
　　あなたが実際に気にかけてくれているように感じました。

　上記の例は，「変化のプロセスで中心的な役割を果たす現実の関
係としてのセラピストとクライエント関係に焦点を当てる」という
FAP の主要なテーマを示しています。いずれの場合も，FAP の理
論的根拠とは，意味のある対人関係に参加するよう，セラピストが
クライエントに個人的に呼びかけるものです。

第 17 章

アセスメントと柔軟なケースの概念化

　多くの FAP のセラピストは，診断的アセスメントに焦点を当て
て治療を始めるかもしれません。このようなアセスメントは有用で
あり，セラピストは FAP のプロセスに移行する機会を窺いながら，
適用する実証的に支持されている特定の介入方略を選択できます。
例えば，ある臨床家は，ACT（Hayes et al., 1999），認知療法（Beck
et al., 1979），あるいは行動活性化（Martell, Dimidjian, & Herman-
Dunn, 2010）を選択し，それらの介入法のために開発されたケース
の概念化（case conceptualization）の枠組みを採用するかもしれま
せん。それらの概念化を補完するために，FAP の概念化は，治療
の標的が面接室の中でいつ現れるかを確認するのに役立ちます。例
えば ACT を実施するのなら，フュージョンや体験の回避はセッ
ションでどのように観察されるのでしょうか？　認知療法の場合に
は，クライエントは治療者に対してどのような認知の歪みを抱くの
でしょうか？　行動活性化を実施しているのなら，クライエントは
治療関係に関連した受動性，親密さの回避，行動の欠如を示すで
しょうか？

　他の治療法の文脈であろうとなかろうと，FAP のケースの概念
化は，診断的アセスメントを超えて，セラピストがセッションで
CRB を観察し，喚起し，強化する可能性を最大限に高めるような

方法で，CRBを個別的具体的に特定し定義することに焦点を当て
ます。セラピストの目標は，クライエントの対人行動のレパート
リーを理解すること——それらがクライエントの日常生活でどのよ
うに機能しているのか，また，面接室でどのように機能しているの
かを理解すること——です。FAPでこれを行う正しい方法は存在
しませんが，一般的には，セッション中の行動とセッション外の行
動を評価する試みを区別します。

　セッション中の行動のアセスメントに関しては，FAPのルール1
（第19章で述べられます）が常に役立ちます。つまり，セラピスト
は，何をしていようとも，CRBが起こりうる可能性に常に敏感であ
ることです。CRBに注意を払うだけで，それらが起こったときに
セラピストが適切かつ即時に反応する可能性が高くなるはずです。

　セッション外の行動群については，多くのFAPのセラピストは，
おそらく他のセラピストが行うのと同じような非公式のアセスメン
トに取り組みます。つまり，クライエントが提示している問題と目
標について尋ね，自己報告によってクライエントの生活の詳細を知
るのです。Kanterら（2009）が述べているように，FAPのセラピ
ストの中には，ケースの概念化に行動的な用語を使う人もいれば，
より標準的な認知行動的あるいは日常的な用語を使う人もいます。
また，FAPのセラピストの中には，クライエントの目標と価値観
を特定し，クライエントの歴史の重要な側面を理解し，CRBを特
定し始めるために，さまざまな協働的方略を用いる人もいます。こ
れらの方略には，ACTと同様の目標や価値観のアセスメント，
ミッションステートメント，大切な出来事や喪失についてまとめた
簡単な自叙伝を書くというホームワークが含まれます。さらに一部

のセラピストは，FAP において行動レパートリーの問題を確認するために開発された正式なアセスメント方略である機能的個別アセスメント様式（Functional Idiographic Assessment Template, FIAT；Callaghan, 2006a）を追加することを選択します。FIAT については第 19 章で詳しく解説します。

　どのような方法を選択しても，重要な点は，FAP のセラピストがクライエントの日常生活と面接室の両方で起こる臨床的に関連性のある対人関係のオペラント行動，すなわち CRB を特定しようとしていることです。これらの行動は，類似した形態ではなく，**機能的なクラス**，すなわち，類似した先行刺激と結果によって定義される行動群として定義されることが重要です。例えば，FAP における典型的な CRB1 は，嘘偽りのない親密な表現を避けることです。これを機能的なクラスとして理解するために，どのような種類の文脈がその行動のきっかけとなり，どのような種類の結果がそれに伴うのかを理解しようとします。つまり，嘘偽りのない親密さを表現する機会に直面すると，そのクライエントはその状況から逃げたり，避けたりして，恐れている否定的な結果を回避します。この回避は，状況によって大きく異なって見えるかもしれません。ある文脈では，文字通りの喧嘩の形をとるかもしれませんし，別の文脈では，そのクライエントはその状況にとどまってはいるものの，冗談を言ったり，敵意を示したりするかもしれません。これらの行動はすべて，FAP では同じ機能クラスに属すると考えられます。

　多くの FAP のセラピストが使用している FAP のケースの概念化フォームには，次のカテゴリーが含まれています〈Tsai ら（2009c）の付録を参照のこと〉：関連する履歴，日常生活の問題，問題を維

持している変数，長所や強み，CRB1，CRB2，日常生活の目標，計画された介入，T1（セラピストのセッション中の問題），T2（セラピストのセッション中の標的行動）。このフォームの簡易版を用いることも可能です。その場合，セラピストの最初の課題は，クライエントの日常生活の問題と治療目標を知り，それらの問題と改善の具体例が治療関係で起こりうるかを推測することです。例えば，あるクライエントは，そうすることが適切な場面でさえ相手に「no」と言うことができないことを問題として挙げ，適切な場面で「no」と言えるようになることを目標としました。セラピストは，服従や「セラピストを喜ばせる」という問題がCRB1として現れているのではないか，また，セラピストに「no」と言うことや，時にはセラピストの要求に従わないことがCRB2ではないかと推測しました。セラピストは，これらの仮説について，時間をかけてクライエントと話し合い，改良していきました。他のセラピストは，このケースの概念化をやや冗長だと感じるかもしれません。セッション中の目標と日常生活の目標が非常によく似ているからです。しかし，このような直接的な相似は，実際には有用であり，問題を単純化することができるのです。最良の治療は，複雑である必要はないのです。

第18章

治療ルールの活用

　FAP の実施には，治療の焦点を臨床関連行動（CRB，第8章を参照のこと）に移すための5つの治療ルールの適用が必然的に伴います。FAP のルールは，「ルール」ということばの一般的な使い方のような堅苦しさではなく，主としてクライエントを良い方向に導き，結果的にはセラピスト自身をも強化するセラピストの行動のための提案なのです。教育的な目的のために，ここではそのルールを明確に記述しますが，実践場面においてはこれらのルールは組み合わされ，介入には通常複数のルールが同時に含まれます。FAP のルールは，他のやり方では見落とされてしまうかもしれない治療的な機会の活用をセラピストに促します（Tsai, Kohlenberg, Kanter, & Waltz, 2009d）。

ルール 1：CRB を観察する（気づく）

　このルールは FAP の中核をなすものであり，これを実行することで，より強力で対人関係を重視した治療が可能になります。セラピストが CRB に気づいて，治療的に反応する頻度が高いほど，治療は効果的で魅力的で深みのあるものになる可能性が高まります。

ルール 2：CRB をひき起こす（勇敢になる）

　FAP の観点からすると，理想的なクライエント－セラピスト関係とは CRB1 を喚起するものということになります。そのような関係は，裏を返せば CRB2 の開発と育成の先がけとなるのです。CRB は，個別具体的なものであり，個々のクライエントのユニークな状況や履歴に関わるものなので，理想的な治療関係は，特定のクライエント各自の日常的な問題が何であるかによって異なります。クライエントに不安やうつがあったり，行動に移すことが困難な場合には，どんな心理療法であっても CRB を喚起する可能性があります。しかしながら，FAP は，相手を深く信頼することや対人関係でリスクをとること，嘘偽りのない状態でいられること，そして，愛を与え，受け取ることなど，人間関係や親密性の問題にも注目しています。そのため，FAP では，他の行動療法ではあまり見られない方法でセラピストが存在し，治療を組み立てていくことが求められます。クライエントの標的行動を喚起し，強化するという方法の中で，セラピストがどのように勇気を持って努力できるかについては，第 20 章を参照してください。

ルール 3：CRB2 を自然に強化する（治療的に愛する）

　ルール 3 は，FAP が強化こそが変化の主要なメカニズムだという主張に基づいているにしてはいくぶん謎めいたものです。強化のための意図的な努力は，自然な強化よりもむしろ不自然で恣意的な強化を生み出す危険を孕むものだからです。第 7 章で解説したように，恣意的な強化は，治療セッションには適した「良い」クライエントの行動を強化するかもしれませんが，般化はせず，日常生活で

は役に立ちません。さらに悪いことには，恣意的な強化はクライエントの目には操作的なものとして映り，信頼関係の構築を危うくする可能性があります。「それは素晴らしいですね」と言ったり，微笑んだりするといった，セラピストがあらかじめ計画した強化子は，恣意的なものになりがちです。そうではなくて，クライエントに対する偽りのない思いやりとクライエントの生活や対人関係を改善するための行動を開発することで，自然な強化が促進されるのです。

　CRB2 の発生に気づき，それらをクライエントの目標への足がかりと受け止めるセラピストは，また，クライエントの改善点を日常生活に般化させるのに役立つ自然な強化方法で対応する可能性が高いのです。自然な強化につながるセラピストの有り様を，私たちは，治療的な愛であると表現しています。治療的な愛に関するわれわれの行動的な定義は，治療的な関係の境界線の中で，セラピストがクライエントにとって最もプラスになるような手段をとることを望んでいるというものです。「治療的な愛」についてのくわしい説明は，第 21 章を参照してください。

ルール 4：CRB と関わるセラピストの行動の潜在的な強化効果を観察する（自分自身の影響力に気づく）

　ルール 4 では，クライエントの標的行動における変化，ならびに，これらの変化とそれに随伴するセラピストの反応（例えば，強化）の関係に注意を払うことの重要性を強調しています。定義上，クライエントが強化を経験したと判断されるのは，クライエントが標的行動の頻度，強度，あるいはその両方を増した場合のみです。ですから，強化しようとした行動が実際に強化されたことをセラピ

ストが真に理解する唯一の方法は，標的行動の頻度や強度の変化を観察することなのです。しかしながら，率直な質問もまたセラピストの反応の強化効果についての手がかりを提供してくれます。これらの質問は実に直接的なもので，CRB2 とルール 3 の相互作用（CRB2 を強化した）後に，頻繁に発せられます。例えば，セラピストはシンプルに，「今のはあなたにとってどんな具合でしたか？」「たった今，私が今週のあなたのリスクを恐れない態度に感激したと言ったとき，あなたはどのように感じましたか？」「私の応答は，あなたがしたことをもう一度起こりやすくしたと思いますか？　それとも起こりにくくしたと思いますか？」などど尋ねることができます。

　これらの質問をする際に重要なのはタイミングです。質問はCRB を強化しようとするセラピストの試みに続くべきではありますが，あまり近づきすぎるのも良くありません。FAP におけるCRB2 とルール 3 の相互作用は，極めて強力なものになるかもしれません。この相互作用を，ルール 4 に関係する質問ですぐに「処理」しようとすると，自然な相互作用が途中で打ち切られてしまう可能性があり，実際のところ，生み出された親密性をセラピストが微妙に避けていることを表現してしまうかもしれません。セラピストはCRB2 に関わる相互作用を自然に終了させることに注意を払うべきであり，相互作用が自然に終了したときにのみルール 4 に従うべきなのです。その結果，セラピストはその相互作用を処理するために次のセッションまで待つことになるかもしれません。

　ルール 4 に関しては，セラピストが T1（セラピストのセッション内の問題行動）と T2（セラピストのセッション内の標的行動）と呼

ぶものの役割に注目することも重要です（第19章を参照のこと）。なぜならば，自分自身への気づきを高めることは，クライエントに対する影響力への気づきを高めることにつながるからです。

ルール5：機能分析に基づく解釈の提供と般化方略の実施（解釈と般化）

　機能分析に基づく解釈には，クライエントがどのようにふるまうことが適応的であったのか，また，治療の進展を日常生活にいかに般化させるかを説明する履歴が含まれます。ルール5の適用では，日常生活の出来事がセッション内の状況に対応する場合は「外から内への相似（parallel）」を，セッション内の改善が日常生活の出来事に対応する場合は「内から外への相似」を強調します。どちらも重要であり，優れたFAPのセッションには，数多くの内から外，外から内への相似を通して，日常生活とセッション内とが相互に関連します。例えば，あるクライエントは，思いやりのあるセラピストから遠ざかり（外から内への相似），その後に，この思いやりにリラックスしてからは，日常生活で誰かが自分を思いやってくれることを受け入れるようになった（内から外への相似）ということがありました。

　般化の促進はFAPにおいて必須のものです。日常生活でクライエントの行動が変わらない限り，成功したとは言えません。したがって，ルール5では，ホームワークの提供も大切です。最高のホームワークは，クライエントがCRB2に従事したときに出されるものであり，改善された行動を「実際場面」（第23章を参照のこと）へ持ち出し，重要な他者に試してみるというものです。

第 19 章

気づき（ルール 1，ルール 4）

　クライエントの CRB が起きている最中にその CRB に気づくことは，より強力で効果的な対人関係を重視した治療を行うための中核です。気づきによって，CRB をより正確に検出し，これに治療的に対応することで，結果的により深い治療体験を得ることができます。気づきは，セラピストがクライエントをどのように見ているかやケースの概念化，さらには治療の焦点に強く影響します。

　セラピストはいくつかの方法によって CRB の検出能力を磨くことができます。

　A　CRB を喚起しやすい治療状況に注意する。CRB を喚起しやすい状況には，時間的な構造（つまり，45 〜 50 分という面接時間），料金，ならびに／あるいはセラピストの特性（例えば，年齢，性別，人種，魅力度）などがあります。他にも，会話中の沈黙，クライエントの感情表現，クライエントがうまくいっているとき，セラピストがポジティブなフィードバックや思いやりの表現をしているとき，ならびに／あるいはクライエントがセラピストに親近感を抱いているときなどが考えられます。また，セラピストの休暇，失敗，非意図的な行動，また，珍しい出来事（例えば，面接室以外の場所でパートナーと一緒にいるセラピストをクライエントが見かけ

ること，セラピストの妊娠），ならびに／あるいは治療の終結など
が含まれるかもしれません。このような状況が発生したときは，喚
起されうる CRB に注意を払い，クライエントの反応を探ることで，
より生産的な治療を行うことができます。

　B　あなた自身の反応をバロメーターにする。　クライエントに対
するセラピストの個人的（personal）な反応は，CRB にとって有益
なセンサーになり得ます。　自分自身に次のように尋ねてみて下さ
い。：クライエントはあなたにどんな方法でネガティブな印象を与
えていますか？　クライエントの話が本題から逸れてあちらこちら
に飛んでしまうためにあなたの注意が散漫になっていませんか？
クライエントはあなたの質問を避けていませんか？　クライエント
がホームワークを先延ばしにして，あなたをイライラさせていませ
んか？　クライエントは言行不一致ではありませんか？　クライエ
ントはあなたのすべての介入に対して批判的ではありませんか？
クライエントはあなた方が親密な相互作用を持ったときに距離をと
ろうとしませんか？　クライエントはあなたという人間に何の興味
も好奇心も持っていないようですか？　大切なのは，クライエント
に対するあなたの反応が，クライエントの実生活における他者の反
応を代表するものである場合と，あなたの反応があなた特有のもの
である場合を知ることです。あなたの反応は，それがクライエント
の周りにいる他者の反応を代表するものであれば，CRB が起きて
いる可能性を示す良い指標になります。

　C　FIAT（機能的個別アセスメント様式）への回答に基づいて，

発生しそうな CRB を同定する。 FIAT（Callaghan, 2006a）の対人的な効果に関連する 5 つの反応クラスに基づいて，数多くの CRB を検知できます。

1 **クラス A**：要求の主張（特定と表現）。「要求」とは，自分が何者であるのかを表明したいという思いや，意見，考え，希望，情熱，憧れ，夢など，人が望むものや価値観を表すことばです。CRB1 として考えられるのは，自分がセラピストに何を求めているのかを特定あるいは表現することが困難なこと，あるいは要求が多すぎること，援助を受けると自分があまりにも弱くなったように感じてしまうこと，あるいはセラピストが要求を断ることに耐えられないことなどです。

2 **クラス B**：双方向のコミュニケーション（影響力とフィードバック）。このクラスの行動には，言語的ならびに非言語的なフィードバックをどのように与え，どのように応えるのかを含みます。CRB1 として考えられるのは，感謝や建設的な批評を受け入れたり与えたりすることが苦手，自分自身やセラピストに対する不合理な期待，セラピストへの影響をほとんど意識していない，あるいは意識しすぎる状態，影響を確認せずに長々と話したり脱線してしまうこと，静かすぎること，アイコンタクトが多すぎたり少なすぎること，話の内容にそぐわない身体表現などです。

3 **クラス C**：葛藤。「葛藤」とは，意見の対立や不愉快な相互作用を指しています。CRB1 として考えられるのは，葛藤や意見の対立に耐えられないこと，親密さを避けるために葛藤を回避

したり葛藤に陥ってしまうこと，怒りを表現し過ぎること，葛藤を解決するのが苦手なこと，問題に関して自分を責め過ぎたりセラピストの責任を問い過ぎること，怒りを間接的に表現する（例えば，受動的な攻撃）ことなどです。

4　**クラス D**：開示と対人的な親密性。このクラスの行動には，親密性に対する感情，自分の経験をどのように開示するか，他者に理解されていると感じるか，他者や他者の要求をどのように理解するかが含まれます。CRB1 として考えられるのは，親密性や思いやりを表現したり受け止めたりするのが難しいこと，自己開示や感情的なリスクを取ることに消極的であること，自分について話し過ぎること，話をよく聞かないこと，セラピストの要求に気づかないこと（例えば，面接時間の超過，セラピストに話す機会を与えない），信頼するのが難しいことがあります。

5　**クラス E**：感情的な経験と表現。「感情的な経験」には，ネガティブな感情（例えば，悲しみ，不安，孤独，怒り）とポジティブな感情（例えば，愛，プライド，楽しみ，ユーモア）の両方を含むあらゆるタイプの感情が含まれます。CRB1 として考えられるのは，ネガティブな感情やポジティブな感情を同定し，感じ，表現するのが難しいことや，感情を過度に強く表現すること，感情表現や経験を回避することなどです。

　D　FAP のケースの概念化を用いる。第 17 章で解説したように，FAP におけるケースの概念化には，本質的に，クライエントが治療に際して述べた問題や目標の数々が，治療場面でどのような形で

現れるかを推測し，それらの仮説を時間の経過とともに確認したり
修正したりするために，クライエントに質問することやクライエン
トを観察することが含まれています。セラピストは，セッション外
行動がセッション内で具体化する可能性について「外から内への」
相似質問（parallel question）をすることがあります。例えば，「旦
那さんが仕事から遅く帰ってきたときに，あなたがどのように反応
していたのか理解しました。では，もし私がセッションに遅刻して
きたら，あなたは私にも同じように反応すると思いますか？」と
いった具合に。このようにセッション外の行動とセッション内の行
動を対応させる質問は，発生し得る CRB を見極めるための標準的
な方法です。

　セッション内での気づきを高めるには，クライエントに対する感
受性を高め，つながりを強める必要があります。普段の何気ない会
話の中では，相手にある程度の注意を払っていれば十分なことが多
いのですが，FAP では，セラピストは通常にないほどクライエン
トの存在に全神経を集中させます。FAP のセラピストは，治療的
な相互作用の機微に最大限の注意を払い，そうすることでクライエ
ントの気分や行動の微細な変化を検知することができるのです。セ
ラピストは，クライエントの苦悩や成功，喪失と獲得の歴史に深く
関わります。このような鋭敏な感受性は，セラピストのマインドフ
ルネスな実践や，親密なパートナーに対して感情的にも対人的にも
十二分な状態で向き合おうとするさまざまな努力によって培うこと
ができます。

　セラピストは，クリアな頭とオープンな心でセッションに臨み，
これからクライエントとの間で起きようとしている対人関係の経験

に没頭していくことが大切です。同様に，セラピスト自身が個人的な人間関係の中で，深い気づきと思いやりを示す能力を身につけることも重要です。つまり，セラピスト自身の T1 と T2 に気づき，これらを改善するよう努めることが求められるのです。

　FAP のセラピストは，セラピスト自身のセッション内の問題行動とセッション内の標的行動の役割に注目することになります。なぜならば，自分自身への気づきを深めることは，クライエントに関する自分の経験への気づきを深めることにつながるからです。われわれは，セラピストが次のような質問について考える時間をとることを勧めています。

- あなたがクライエントと話すのを避けがちな話題はどんなことですか？
- その回避は，あなたとクライエントの協働作業にどのような影響を与えていますか？
- あなた自身が生活の中で対処することを避けがちなのはどんなことですか（例えば，仕事，人々，記憶，欲求，感情）？
- あなたの日常生活での回避は，あなたとクライエントの協働作業にどのような影響を与えていますか？
- ケースの概念化に基づいて，あなたがそれぞれのクライエントとの間で開発したい特別な T2 は何ですか？

　最後に，気づきの深まりは，クライエントの CRB に対してのみ適用されるのではなく，クライエントに対する即時的かつ長期的な影響力にも関係していきます。セラピストは，強化を意図した行動

が実際にどの程度強化子として機能したかを評価することが不可欠
です。強化を意図した反応が実際に強化されたことをセラピストが
知る唯一の方法は，標的行動の頻度や強度の長期的変化を観察する
ことです。

第20章

勇気（ルール2）

　効果的な治療関係を生み出すステップの実行は，多くの場合，セラピストがリスクを冒し，自らの親密性の境界線を押し広げる必要があります。そのようなリスクには，勇気を持って，思いきり，辛抱強く，困難を恐れずに行動することが必要です。FAPを上手に行うには，自らの限界越えや快適な領域から踏み出すことが必要です。

FAPの理論的根拠（FAP rap）で治療を構造化する

　セラピストは，最初の接触時から，FAPの理論的根拠（FAP rap）を説明することによって，クライエントが現実場面（in vivo）の相互作用に焦点を合わせた，強力で，記憶や感情などを呼び起こす治療を受けられるように，治療環境を整えていくことができます。FAPが最も効果的であるためには，クライエントにその前提を理解してもらうことが重要です。それはつまり，セラピストはクライエントの実生活における問題が治療関係の中でどのように出現するかを探していくということです。なぜならば，そのような現実場面への焦点化が最も強力な変化を促進するからです。これは治療に関する非典型的な考え方です。というのも，大半の人々は，治療場面外での問題や人間関係について話すために治療を受けに行くと考えているからです。それゆえ，FAP rapは，最初の電話連絡や

インフォームド・コンセントの書類の中，さらには治療の初期セッションにおいて，クライエントが完全に理解するまで，いろいろな形で提示されます。

　以下が，FAP rap の多様な提示例です。

　「私は，あなたの日常生活の問題が，私たちの治療関係の中でどのように現れるかを明らかにしようとします。なぜなら，そのような現実場面への焦点化が，最も強力な変化を促進するからです」

　「私が行う治療の主要な原理は，私たちの関係があなたの実生活における人間関係の縮図であるということです。ですから，私は，あなたが他の人々と関わるのと同じように私と関わるのか，他の人々との間に発生する問題が私との間にも発生するのか，あるいは，あなたが私に対してどんな前向きな行動をしていて，それらを他の人々との関係に移していけるかを探っていきます」

　「私たちの治療では，あなたがよりパワフルな人間になるにはどうすればいいか，思いやりをもって自らの真実を語り，自分の望むものを追求できる人間になるにはどうしたらいいか，ということに焦点を当てます。より表現力豊かな人間になるために最も効果的な方法は，今ここで，私と一緒に，あなたが何を考え，感じ，求めているのかを，たとえ恐れやリスクを感じようとも私に話すことから始めることです。私と一緒に最高の自分を生み出すことができれば，あなたはそれらの行動を実生活で他の人々との関係にも移すことができるでしょう」

　「私たちの関わりは，あなたがどのように人と関わっているか
を探り，別の関わり方を実験的に試して，うまくいったことは他
の人間関係に取り入れる機会を提供します」

　「治療は，あなたがこの一週間に感じたことを報告するよりも，
今この瞬間にあなたが経験していることを話す方がより大きなイ
ンパクトを持つのです。今まさにここで起きていることに目を向
けると，それをより完全に経験し，理解することができますし，
治療上の変化はより強力で即時的なものになります」

　このトピックについてのより詳細な解説は，FAP rap の形式をさ
まざまなセラピストのスタイルや快適な領域（zone）の範囲に合わ
せて調整する方法の例とともに，第 16 章で述べています。

FIAT の反応クラスに注目する

　第 19 章で述べたように，セラピストによっては，クライエント
に FIAT（Callaghan, 2006a）を実施して，その回答をもとに CRB1
の可能性があるかを一緒に調べていくことが役立つかもしれません
〈Tsai ら（2009c）の p.64 〜 66 を参照のこと〉。各反応クラスの CRB1
を喚起しそうなセラピストの行動には，以下のようなものが考えら
れます。

　クラス A　（要求の主張）：ある種の質問をすること。「あなたは私
　やこの治療に何を求めていますか？」「何があれば，このセッ
　ションはあなたにとって本当に良いものになるでしょう？」

「私があなたの求めを真剣に受け止めたとき，あなたはどう感じますか？」「私があなたの要求にnoと言ったとき，あなたはどう感じましたか？」

クラスB　（双方向のコミュニケーション）：クライエントに感謝の気持ちやポジティブなフィードバックを提供すること，セラピストとクライエントが互いにポジティブなフィードバックを提供し合うエクササイズを行うこと，建設的な批判を求めたり与えたりすること，クライエントに自分（クライエント）の影響力を知らせること，より多くのアイコンタクトを求めること，言語表現に合致するボディーランゲージを求めること。

クラスC　（葛藤）：葛藤を引き起こしそうな話題を持ち出すこと。

クラスD　（開示と対人的な親密性）：クライエントにより多くの自己開示を促すこと，クライエントとの親密性を高めるのにふさわしい場合はセラピストが自己開示すること，親密さを妨げるクライエントの行動を知らせ，親密さを高める行動を促すこと。

クラスE　（感情的な経験と表現）：クライエントにより多くの感情的な経験と表現を促すこと，クライエントに応えてセラピストの感情的な経験を自己開示すること，過度に感情的になっている場合は，クライエントの感情の制御や抑制を助けること。

CRBを喚起する方法について詳しくは，Tsaiら（2009c）のp.70〜83を参照してください。

喚起的な治療方法を用いる

FAPは統合的な治療法であり，何がクライエントの問題を喚起

し，何がクライエントの標的行動を自然に強化するかによって，多様な治療技法が用いられます。重要なのは，特定の技法の理論的な起源ではなく，その技法が特定のクライエントにどのように機能するかという点です。いかなる技法も，クライエントがそれまで回避していた思考や感情その他の CRB1 に接触してそれを表現し，自然に強化される CRB2 を喚起するのに役立つものであれば，それは FAP にとって潜在的に有効なものなのです（第 26 章を参照のこと）。

　他の治療的アプローチからよく借用される技法には次のようなものがあります：自由連想法，時間内筆記練習（例えば，何でも思いつくままに書き出すこと），エンプティチェア・ワーク，身体感覚への注目による感情の喚起，視覚化を用いたクライエントの最高の自分の喚起です。このような技法が機能的に捉えられます。つまり，感情表現（例えば，悲嘆やトラウマの想起）は「エネルギーの解放」や「抑圧された感情からの脱出」として説明されるのではなく，むしろ，それらの表現は，CRB2 とみなされ，よりオープンであることに関連して，対人的な親密性を構築し，強めるものだと考えるのです。

　一般的なポイントは，機能的に使えて CRB を喚起できるなら，ほとんどすべての技法が他のアプローチから借用できるということです。FAP のセラピストは行動療法家のように見える必要はありません。行動療法家のようにふるまう必要があるのです。つまり，従来は「行動的」と呼ばれていなかった技法を積極的に試し，その機能を明確にして利用することです。このようにして，FAP のセラピストは，機能的・行動的な基盤を見失うことなく，CRB を喚起するための技法的な折衷主義を実践するのです。行動療法家の中

には，これまで正しい「行動的」技法だと教えられた特別な技法群から外れることに抵抗を感じる人もいるかもしれません。私たちはそれを不必要な制限だと考えています。そのような考え方は，FAPの潜在的な力を大きく制限してしまいます。セラピストたちには，用いる技法の形態ではなく，常にその機能に目を向けながら，新たな技法を「試して，確かめる」という態度で探求することを勧めます。

第 21 章

治療的な愛（ルール3）

　クライエントのコミュニティにおける嘘偽りのない思いやりのある関係に似ていて，それと同様に機能するセラピストの強化行動は，自然な強化になると考えられます。われわれの行動的な定義によれば，そのようなセラピストの強化行動は「治療的な愛」だといえます。治療的な愛は倫理的であり，常にクライエントの最善の利益のためにあり，そして嘘偽りのないものです。治療的に愛するということは，必ずしもクライエントに対して「愛」ということばを使うことを意味しません。それは，クライエントの日常生活の改善につながる深い思いやりと研ぎ澄まされた感受性や関心を育むこと，クライエントの最善の利益に支配され，クライエントの改善によって強化されることを意味します。それは，クライエントの目標のすべてを把握して，クライエントの現在のレパートリーとあなたの期待を一致させ，あなたの感情を増幅させて，クライエントにとっての重要性を高めることです。

　これらの性質をより詳細に解説する前に，まずは，セラピストがCRB1に反応するための最善の方法を紹介します。CRB1の阻止（blocking）は，CRB2の喚起と強化に密接に結びついているため，これは重要な問題なのです。

CRB1 に反応する

　CRB1 に対処するためには，しばしば，クライエントのコミュニティを代表するような否定的な個人的反応を治療的に利用する必要があります。例えば，「目を合わせてくれないと，何を言っているのか分からなくなってしまいます」という具合に。しかしながら，CRB1 が，次のような文脈の中で扱われていることを強調しておくことは重要です：(a) セラピストがクライエントを思いやり，配慮していること，(b) クライエントの問題を，クライエントの「内部」や固有のものとしてではなく，歴史的・環境的要因の観点から概念化していること，(c) ある特定の行動群はセッション中に起きている問題であり，日常生活の問題につながっているという点に，クライエントが同意していること，(d) CRB1 を指摘することで，クライエントがより適応的な行動をとることができると，セラピストが確信していること。

　CRB1 を扱うのに最も適したタイミングは，クライエントがセラピストから潤沢に自然な強化を得て，しっかりとした治療関係が形成された後，そして，クライエントがセラピストにそうすることを許可した後です（例えば，「これまで，あなたの話が突然脇道に逸れてしまうと，話についていくのが大変だという話をしてきましたね。私と一緒のときに，あなたがそうしたら，ちょっと止めてもいいですか？」）。可能であれば，クライエントがすでに相応の CRB2 を示した後に，CRB1 をとり上げたり，ブロックするのが最善のタイミングです。例えば，セラピストは次のように伝えることができます。「あなたは時々，私と一緒に悲しみを感じることができますよね？　今それができないのはなぜ？」あなたの声の調子やその他

の非言語的な手がかり（身を乗り出す，椅子を近づける）も強化子として作用することを覚えておいてください。一般的に，CRB1に対して思いやりのある対応をしたことが過去にうまくいかなかった場合や，そのCRB1がより厳しい状態を呼び込むものである場合を除き，CRB1には思いやりのある対応を求めます。

　また，CRB1に対応する際には，そのセッションがCRB1に支配されていないか，CRB1に対するネガティブな印象で終了していないかを確認することが重要です。CRB1に反応するとき，セラピストは，実際にはCRB1を罰しようとしているのではなく，CRB2を呼び起こそうとしているのです。そして，クライエントがセッション中にCRB2をうまく発することができそうにないとセラピストが判断した場合には，クライエントの行動を罰し続けることによってセッションの嫌悪度を高めるのではなく，FAPの進行をいったん停止するのが良いでしょう。CRB2がなくてもCRB1を罰し続けた方が良いのは，クライエントの行動が生命を脅かす場合など，極めてまれなケースに限ります。実際，セッションがCRB2よりもCRB1への対応で占められていると，クライエントは治療からドロップアウトしてしまいやすくなるでしょう。

クライエントの最善の利益によって支配され，クライエントの改善によって強化されること

　クライエントへの配慮とは，クライエントの最善の利益に基づいて対応し，クライエントの改善や成功によって強化されることです。自然に強化するセラピストの特徴は，Carl Rogers（1961）がクライエント中心療法で追い求めた「純粋性」「共感性」「積極的肯

定」を彷彿とさせます。ロジャース（Carl Rogers）は，「強化を用いて」他者をコントロールすることに反対したことで知られており，確かに**強化を使おうとはしない**でしょう。しかし，クライエントに対する彼の反応を注意深く分析した結果（Truax, 1966），ロジャースは，クライエントのある種の行動に対して異なった反応を示していることが明らかになりました。彼の配慮と純粋性は，おそらく，興味，関心，苦痛，関与として現れ，自然に CRB1 を罰し，CRB2 を**強化した**のでしょう。このように，われわれは，ロジャースの純粋性と配慮の呼びかけは，自然な強化随伴性の発生を高める間接的な方法だと考えています。

クライエントの目標レパートリーを持ち合わせていること

　セラピストは，クライエントの目標行動を自分のレパートリーに持っていると，クライエントの CRB1 の弁別や CRB2 の促進をしやすくなります。例えば，クライエントがセラピストに言われたことで否定されたと感じ，心を閉ざしてしまった場合，葛藤を避けているセラピストは，クライエントが動揺して，距離を置くという CRB1 に従事していることを弁別するのは難しいでしょうし，また，二人の間で起きたことについてオープンに話し合う可能性も低いでしょう。このように，否定的な感情に対処するスキルがないと，セラピストがこのような葛藤をクライエントとともに解決し，クライエントが日常的な人間関係の中で同じように葛藤を解決するように援助できるかは疑わしいものです。同様に，セラピストがクライエントの愛着や依存（例えば，週に何度もセラピストにメールを送る，セラピストが近々休暇をとることへの不安やそれに対処で

きない気持ちを伝えるなど）を軽蔑したり，恐れたりしている場合，セラピストがクライエントの気持ちを実りある方法で推し量ることは難しくなります。有益なやりとりはクライエントの満たされない依存欲求の歴史や，それが現在の人間関係にどう反映されているかを探ること，治療関係と日常生活の両方において愛着や依存を表現する健全な方法を創り出すことかもしれません。

自らの期待とクライエントのその時点のレパートリーを一致させる

　クライエントの現在のレパートリーを知っていれば，合理的な期待を持ち，改善のニュアンスを汲み取ることができるでしょう。

　上記の例のように，セラピストへの依存が極めて高いクライエントの場合，セラピストがいなくなることを考えると死にたくなる彼女に，「素敵な休暇を過ごしてください」と快活に言ってもらうのは無理な話でした。その代わりに，10 年をかけて，そのときどきの彼女のレパートリーから見て困難ではあっても遂行可能な治療課題を用意することで，彼女の行動は段階的に形成されました。例えば，(1) セラピストの休暇中は入院する，(2) 休暇中の主担当のセラピストとは電話でセッションを持ちながら，バックアップのセラピストと面談する，(3) セラピストに置き換わるもの（例えば，テディ・ベア）をセラピストに求めて，主担当のセラピストとの電話セッションを行わずに，バックアップのセラピストと面談する，(4) セラピストが自分のことを気にかけていたことを知らせてくれるちょっとしたお土産をセラピストに求める，(5) セラピストの不在中は，友人たちと共に過ごす機会を多く設けて，セラピストとはコンタクトをとらないようにする，などです。これらの治療課題

は，困難ではありましたが，10年かけて一つひとつクリアして
いったので，彼女にとって不可能なものではありませんでした。彼
女は，今では十分なソーシャルサポートのネットワークを持ち，セ
ラピストとは2カ月に1回のペースで会うだけのところにまでなり
ました。

　技術的なことですが，ここで望ましい目標行動への逐次接近法的
シェイピングの原理について解説しましょう。CRB1とCRB2は
シェイピングを念頭に置いて定義した方が良いのです。例えば，上
記のクライエントの最終目標はセラピストに依存しないことでした
が，厳密な意味での非依存をCRB2としていたなら，クライエント
は一度たりともセラピストによって強化される行動を発することは
なかったでしょう。セラピストの仕事は，クライエントの能力の中
で段階的な改善を見極めることなのです。クライエントの現在の機
能レベルから見て，多少なりとも改善された点は何でしょうか？　こ
のクライエントにとって，小さくても確実に伸長したことは何で
しょうか？

　シェイピングの問題は，FAPにとってある種の複雑さをもたら
します。特に，セラピストが目標行動に逐次的に接近している
CRB2を強化していても，これらのCRB2は外部の他者には強化さ
れないかもしれません。そうすると，治療関係の中で起きている行
動が外の世界へうまく般化しません。例えば，非常にシャイなクラ
イエントが初めて自己主張をしようとしたとき，それがぎこちな
く，外の世界では成功しそうになくとも，セラピストからは強化さ
れるでしょう。同様に，クライエントが妻との時間を増やそうとす
る最初の試みは，妻に言わせれば「あなたは私を遠ざけたいだけで

しょう」ということになってしまうかもしれません。このような場合は，クライエントと直接話し合うことになります。セラピストからは，治療関係は，重要な対人関係上の行動を「旅に出る」前に練習し，改善する機会だと説明することもできます。また，セラピストは，セラピストとして，自分はクライエントの微妙な変化にも敏感であり，その変化によって強化されていると説明することもできます。なぜならば，治療関係における唯一の目的は，クライエントを助けることだからです。実際の人間関係はもっと複雑で，相手が良い方向に変わるまでには，時間と忍耐が必要かもしれません。セラピストは，クライエントの現在の機能レベルに敏感に反応し，現在の機能に比べて少しでも改善されたことを自然に強化することで，クライエントにこれらの小さな変化を評価する能力を育み，クライエントが他者からの肯定的な反応がなくても自己強化できるようにするとよいでしょう。

自分の感情を増幅して，その重要性を高める

　セラピストが，強化となりうる反応を明示的に説明することが，治療効果を高めるのに役立つことがあります。このプロセスでは，強化子の性質は基本的には変わりませんが，増幅することで，そうしないと微細すぎて気づかないようなセラピストの私的な（private）反応をクライエントが認識するのに役立ちます。例えば，親密な関係を築くのが苦手なクライエントが，セッション中にリスクを冒して傷つきやすい感情を打ち明けたとします。クライエントの自己開示に対して，セラピストは微細で自然な反応を示します。その反応には，思いやりのある方法でふるまおうとする傾向や，「親近感」

に対応する私的なレスポンデント反応が含まれます。これらの反応
は，おそらくクライエントには弁別されず（おそらく，この場合，
CRB1が他者の微細な肯定的反応に敏感でないことに関係していた
のでしょう），そうすると強化効果が弱いので，セラピストは，私
的な反応を「私は，今，あなたが言ったことにとても感動しまし
た」と言って説明します。このような重要で基本的な反応は，増幅
されなければ，その原因となったクライエントの行動に対する強化
の効果はほとんど，あるいは全くないでしょう。このように伝える
ことで，セラピストもまたリスクを取ることになり，クライエント
の親密性に関連したCRBをさらに喚起する可能性があります。

第 22 章

自己開示：
自らの個人的な反応をクライエントに示すこと

　セラピストの自己開示とは，クライエントが通常は知ることのない，あるいは発見することのない情報をクライエントと共有することです。それはセラピスト側のリスクと受傷性を伴いますが，FAP の重要な要素であり，CRB を強化あるいは喚起し，効果的な行動をモデリングするための本物で自然な，そして多くの場合に非常に効果的な手段です。

　セラピストの自己開示を戦略的に利用するという考え方（Tsai, Plummer, Kanter, Newring, & Kohlenberg, 2010）は，セラピストの匿名性が好まれ，セラピストの自己開示は治療の枠を超えるものだと考えられていた初期の心理療法の伝統とは対照的なものです（Edwards & Murdock, 1994）。しかし，その後，理論と研究の蓄積により，特定の文脈下でセラピストの自己開示を慎重かつ戦略的に用いることが提唱されています（例えば，Barrett & Berman, 2001; Knox & Hill, 2003; Watkins, 1990）。しかしながら，興味深いことに，理論や研究では自己開示が支持されているにもかかわらず，実際には最も使用頻度の低い治療方略であることが文献で示されています（Hill et al., 1988）。そこで，本章では，FAP におけるセラピストの自己開示の背景にある理論的根拠を解説し，自己開示が行われている臨床例をいくつか紹介し，セッションにおける自己開示の

効果を高めるセラピストのスキルを紹介します。

　セラピストが強化子としての重要性を獲得している場合，自己開示は，戦略的なタイミングで純粋なものであれば，セラピストが提供できる最も強力な反応の一つとなり得ます。セラピストがCRBに対する個人的な反応を表現するとき，セラピストは，自分の行動が人間関係や周囲の人々にどのような影響を与えるのかについて，クライエントがこれまでに経験したことがないような重要なデータを提供することになります。クライエントの対人行動が改善したとき，それに対するセラピストの個人的な反応は，セラピストからクライエントに提供される貴重で強力な贈り物になるでしょう。例えば，セッション中にこれまで避けていた内容を勇気を出して打ち明けたクライエントは，その瞬間，特に傷つきやすいと感じているかもしれません。それに対して，セラピストは自然と自らの弱さを打ち明けたいと感じたとしても，治療上の境界を踏み越えるのを恐れて躊躇するかもしれません。しかし，その時のFAPのセラピストの勇気ある思慮深い自己開示は，かなり強力なものになるかもしれません。例えば，「今のあなたの勇気が，私も今，自分自身が弱い存在だと感じていることをあなたに伝える勇気を与えてくれました。まさに今，私たちは一緒にここにいるのだと感じています」このような応答は，クライエントの自己開示を強化し，治療関係における真の親密性を高め，治療関係を外部の関係に近似のものとして確立することによって，般化を促進する効果を持つでしょう。自己開示のもう一つの利点は，セラピストがどのように感じているかをクライエントに明示的にフィードバックすることにあります。そうすることで，他者がどう感じているかを示す微妙なサインを読み取

る方法を学ぶ練習にもなるのです。

　もともと抑うつと不安の症状を呈していたクライエントが，幅広い交友関係を有しているにもかかわらず孤独を感じていること，完璧に幸せな専門職業人であるとの幻想を抱き続けていること，欺瞞を感じていることを訴えていたとします。このクライエントは，6回のセッション中は，知的でユーモアに長け，心を開いて弱音を吐くことなく人を楽しませることで自分のうわべを保ち続けていましたが（CRB1），その後に，最近の起業の失敗と，そのことがいかに強い羞恥心と他者からの評価への恐れを抱かせているかを初めて打ち明け，泣きました。この感情の開放を意味のある CRB2 として認識したセラピストは，その話を聞きながら涙を流し，その後，クライエントの CRB2 が二人の関係性をどのように変化させたかを説明しました。

　　「私は，あなたが長い間一人で抱えていた痛みをこれほど深く理解したことはありません。そして，あなたが私と私たちの関係を信頼して，たった今，本当の自分を見せてくれたことを光栄に思い，感動しています。正直なところ，これまでのすべてのセッションの中で最も心に響く瞬間でしたし，これまで以上にあなたを身近に感じています」

　セラピストによるこのような開示は，クライエントを自然に強化する可能性があります。というのも，健康的で親密な日常生活の相互作用では，開示するとそれに応じて開示されることが多いからです。

　肯定的な自己開示は，多くのセラピストにとって容易かもしれませんが，自己開示のもう一つの重要な使いどころは，クライエントが効果的でない行動をしているときにあります。例えば，人とのつながりを避けている社会恐怖のクライエントが，人間関係を築くことを学びたいと思っているとしましょう。彼がブツブツ言ったり，言葉尻を濁したりするCRB1を示しているとき，熟練したFAPのセラピストは，その瞬間に，その会話を受ける側の気持ちを理解するかもしれません。

　「今，あなたが話していたことは断片的には聞き取れましたが，もごもごとした話し方や，最後には声が聞こえなくなるような感じがして，お話についていくのはとても難しかったのです。私には，あなたがある部分では私と結びつきたいと思っているけれど，別の部分では私を遠ざけているので，あなたの話に関与できないように感じました」

　この種の自己開示は，クライエントのCRB1が，どれほどセラピストの関係構築の能力を減じているかを説明しており，思いやりがある一方で，クライエントのCRB1を罰する可能性があります。
　セラピストの自己開示は，二つの異なる水準で起こり得ます。第一の水準は，クライエントの行動がセラピストの認知的，感情的，身体的経験に与える影響を示しています。ここには，クライエントのCRBによって引き起こされたセラピストの個人的な考え，記憶，感情の共有が含まれるでしょう。身体的な自己開示の場合，FAPのセラピストはクライエントのCRBに対する何らかの身体的な反

応をことばで示すかもしれません（例えば，「心の中に温かさが芽
生えたのを感じます」「胃のあたりが急に張ってきました」など）。
あるいは，これらの反応をより直接的かつ非言語的に表現するかも
しれません（例えば，前かがみになる，涙を流す，腹の底から笑う
など）。このようなセラピストの行動は，時としてより強力な自己
開示の形態になり得ます。なぜなら，それらはクライエントが無視
したり反論したりしにくい方法で，知性的なことばを超えてセラピ
ストの生の反応を直接示すことになるからです。

　セラピストの自己開示の第二の水準は，FAP のセラピストが自
分自身について感情的な傷つきやすいことを明かす場合に起こりま
す。これは，関連する生活歴，そのセッションに影響している感情
的な状況，過去の困難，セラピストの実生活に関するその他の情報
を含む広範囲をカバーしています。このようなセラピストの自己開
示は，通常，クライエントを強化するため，あるいは効果的な感情
の表現，抑制，受容のモデルを示すために用いられます。

　自己開示を行う際には，セラピストは次のような考え方を覚えて
おくことが大切です。

1. 何よりもまず，自己開示は，通常，クライエントの利益になる
　 と判断された場合に正当化されます。
2. 自己開示がなされた場合，セラピストはその自己開示がクライ
　 エントに与える影響を評価しなければなりません（ルール 4）。
　 セラピストはしばしば，「私の涙を見てどう感じましたか？」
　 「私も若い頃に父を亡くしたと聞いてどう感じましたか？」と
　 直接質問することになります。特定の治療対象者たち（clinical

populations）は他人の感情表現を解釈することが極めて難しい
ことを考えると，セラピストの自己開示によってクライエント
が強化されたり，何らかの行動が形成されたりするとは仮定し
ないことがとても重要です。セラピストは，クライエントとコ
ミュニケーションをとりながら，自己開示がどのように行われ
るべきかを見極め，クライエントの解釈によってその意義が失
われないようにしなければなりません。

3. 自己開示を行う治療者は，自分自身のT1とT2を意識して，自
らの個人的な反応が，クライエントと接する典型的な人を代表
するものなのか，それともセラピストの強化歴の結果としての
特異的な好き嫌いを表すものなのか見分ける必要があります。
これは，FAPのスーパーヴィジョンにおける主要なターゲッ
トの一つであり（第28章を参照のこと）スーパーヴィジョンで
は感情的な親密性のいくつかの形態に対する不快感が，CRB2
を示しているクライエントを消去したり，罰したりするような
自己開示を行うようにセラピストを誤らせてしまうかもしれな
いことをセラピストが理解するよう助けます。要するに，面接
室で自己開示する前に「汝自身を知れ」ということです。

4. CRB1に対する否定的な個人的反応を開示する場合は，強固で
確立された同盟関係に基づいて実行することが大切です。ケー
スの概念化が形成されていれば，多くの場合，クライエントの
行動がいかにあなたの感情，思考，身体機能に影響しているか
をクライエントと共有することが有効です。例えば，セッショ
ン中に話があちこちに飛んで拡散してしまう傾向が強く，人間
関係の中でよく話を聞いてもらえないと感じていることを訴え

るクライエントについて考えてみましょう。このクライエント
との間に強い同盟が築かれた後，セラピストは次のように伝え
るかもしれません。

「この話を中断しなければならないのは，あなたの話がどんど
ん横道に逸れていくので，あなたが私に伝えようとしていること
の核心からどんどん遠ざかってしまっていることに気づいたから
です。お話の細かな部分に巻き込まれてしまって，私はあなたを
見失っているように感じます。あなたは，自分の人生の中で，
人々があなたの話に耳を傾けてくれない，あなたを理解してくれ
ないと感じていると話してくれましたね。私は，今この瞬間，あ
なたが私や他の人との間で経験しているこのようなことは，これ
ら壮大な物語を話す傾向と関係しているんじゃないかと考えてい
ます。おそらく，あなたがこの物語を通して私に伝えようとして
いることの最も大切な部分に照準を合わせるための別の方法があ
りますよ。もう少し直接的に話してみませんか」

このように，セラピストの開示は，直接的な影響（このケースで
は，クライエントの物語る習慣がもたらす効果的でない即時的な影
響）についての重要な情報を提供しつつ，理解や関心，思いやりを
示し，知らせます。

第 23 章

ホームワーク（ルール 5）

　すべての行動療法と同様に，FAP もホームワークを用います。基本的に，ホームワークとは，トリートメントを構成するために用いられるデータや情報を集めたり，治療の成果を日常生活に般化させるためのスキルを練習したりするために，クライエントに与えられる課題です。FAP では，三つの方法でホームワークを行います。

　FAP のホームワークの第一のタイプは，ほとんどすべての認知行動療法（CBT）のアプローチに見られる一般的なものです。つまり，クライエントに，データを集め，使用している CBT のプロトコルに特有の活動を行うように求めるものです。例えば，第 26 章で論じられるような日々の CBT 思考記録（仮説への挑戦を含む），予定された時間に実施すべき活動ターゲットに沿った行動活性化の記録，不安障害に対するアクセプタンス＆コミットメント・セラピーのアプローチにおける不安を喚起する状況で進んで不安を経験しようとする程度の記録などがあります。

　しかしながら，この種のホームワークに対する FAP の扱い方は，標準的な CBT の方法とは異なります。一般的に，ホームワークに従うことは治療結果を改善すると信じられており（Addis & Jacobson, 2000），クライエントは課題を完遂するように促されますが，一つ重要な注意点があります。FAP のルール 1 を適用するならば，

ホームワークに従うことがCRB1である可能性があります。例え
ば，もし，クライエントの日常生活上の問題が，求められたことに
無批判に従い，束縛されすぎて身動きが取れなくなってしまうこと
にあるならば，ホームワークの完遂は，従順すぎるCRB1であるか
もしれません。FAPの観点からすると，この，問題のある従順さ
というCRB1は，セラピストがクライエントの問題を実際に目にす
る機会を提供します。そして，予想される問題に対して，より率直
に向き合ったり，束縛されすぎることを避けるために，課題の延期
や範囲の縮小を求めるといった，より生産的な行動（CRB2）を形
成したり強化したりするための場面を設定する機会を提供します。

　逆に，従わないこともCRB1である可能性があります。そして，
それが治療中に生じると，今ここでの問題解決をする機会になりま
す。また，おそらく，過剰にコントロールする親の圧迫感に起因す
るカウンターコントロール（非行動的用語では，「受動攻撃性」と
して知られています），失敗への恐怖（例えば，「私がそれをうまく
できなければ，私は失敗者だ」），注意散漫の問題（成人のADHD—
注意欠如・多動性障害），あるいは管理スキルなどの問題を扱う機
会にもなります。

　FAPのセラピストが用いるホームワーク課題は，他者に弱みを
見せること，アサーティブになること，肯定的あるいは否定的な感
情を表出することなど，対人的なリスクを強調しているかもしれま
せん。対人関係に焦点を当てた課題は，標準的なCBTプロトコル
でも用いられますが，FAPに通じているセラピストは，これらを
より幅広く用います。さらに，いくつかのホームワーク課題は
FAPに特有のものです。例えば，FAPのセラピストは，次のセッ

ションのはじめに提出するために，各セッション後に，「セッション橋渡し（session bridging）」シート〈Tsai ら（2009c）の付表を参照のこと〉を課すことを常としています。このシートでは，セッションのさまざまな側面について，肯定的なものも否定的なものも含めてフィードバックを求め，また，セラピストとの結びつきの程度についてもたずねます。さらに，セッション橋渡しシートでは，「セッションの中で，セラピストと一緒にいて，あなたの普段の暮らしの中の問題と似たどんなことが起こりましたか？」とたずねます。このように，橋渡しシートの課題は，セラピスト－クライエント関係に焦点化し続けることや，CRBへの気づきを高めることに役立ちます。

　FAPで用いられる第二のタイプのホームワークは，セラピスト－クライエント関係の文脈の中で培われた人間関係のスキルを，日常生活で実践するようにクライエントに要求するものです。このプロセスは，ルール5の解釈を用いることで促進することができます。例えば，親密な関係を築くのが苦手で，感情を表現するのに苦労しているときに，セラピストとほとんどあるいは全く目を合わせないクライエントがいたとしましょう。これがCRB1であることが確認され，アイコンタクトを増やすというCRB2が今ここで強化されるセッション内での明確な標的になった後は，そのクライエントは，他の人とのアイコンタクトを増やすよう試みることが求められるでしょう。ルール5に従えば，それは次のように述べられるかもしれません：

　「セラピーを始めたばかりの頃，あなたは目をそらすことで感情を避け，私たちの結びつきを弱める傾向がありました。それが，私

たちの間に距離を作っていました。あなたがこの問題に気づき，私と目を合わせて感情を表現しようとするようになってから，私たちの関係はより親密になりました。同じことをキャロル（友人）にもやってみて，彼女との関係の近さがどうなるか見てみましょう」そして，セラピストは，クライエントがキャロルとこれを行うための非常に具体的なホームワーク課題を設定するでしょう。

　第三のタイプのホームワークは，「セッションワーク」とでも呼ぶべきもので，クライエントが，セラピスト－クライエント関係の中で学んだことを，練習したり応用したりすることを課題とするものです。しかし，この練習を実際の生活の中で他の人と行うように要求するのではなく，むしろ，クライエントはセラピストとのセッション中――これもまた，機能的には「実際の生活」の特徴を有している――に，練習することが要求されます。ここで述べているのは，「ロール・プレイ」ではなく，セラピスト－クライエント関係の中で起きる，実際の，今ここでの，現実の行動を指しています。次のような例を考えてみましょう。あるクライエントは，他者と接することで疲れ切ってしまい，そのために，ストレスによる身体症状に悩まされていました。また，そのストレスが原因で，彼女は，人間関係を「デート」のような短時間のつきあいに限定してしまい，長時間一緒に過ごすような長期的なつきあいを排除していました。彼女のストレスの源は，自分が責任を持って話題を提供し，快活で，はつらつとしていて，面白い存在であること，――彼女自身のことばを借りれば，「オン」でなければならないということでした。彼女は，この責任感が功を奏して，男性にモテるようになり，追い求められるようになったと受けとめていました。また，彼女の

見方によると，自分は実際には面白くも魅力的でもなく，自然にリラックスしたやり方でふるまっていては見向きもされなくなるだろうから，「オンでいる」努力をする必要があったのです。みなさんのご推察の通り，彼女は治療の中でもこれと同じCRB1を示しました。どのセッションでも，彼女は全力で取り組み，たしかに面白くて快活でした。彼女は，セッションの前にかなりの時間をかけて，どうすればセラピストに興味を持ってもらえるかを考えていました。このCRB1が確認されたとき，セラピストは「セッションワーク」を与えました。そこでは，何の計画もなしにセッションを始めてみて，腰を落ち着けて，気楽に過ごし，代わりに，話すテーマをセラピストに任せることをもっと多くするように提案されました。要するに，セッションを面白くするための全責任を放棄し，その代わりに，その責任をセラピストと共有するように求められたのです。彼女の最初の反応は，できるかどうか分からないけれどやってみます，というものでした。それからの数回のセッションで，彼女は試み，これらのCRB2が形成され，育まれていきました。最終的に，彼女は腰を落ち着けてリラックスし，より頻繁にセラピストが話を切り出すのを待てるようになりました。彼女はセッションでのストレスが減り，自分が自然のままで面白い人間であり，セラピストと意味のある話し合いに取り組めることに気づきました。最終的には，トリートメントには第二のタイプのホームワークを含めることになり，彼女は日常生活の中でこれらと同じ行動を他の人にも試してみるよう求められました。

　FAPのこれら三つのタイプのホームワーク課題は，いずれもトリートメントから得られた成果を日常生活に般化させるためのもの

であり，単独で用いられることもあれば，組み合わせて用いられることもあります。

第24章

クライエントとの会話（ルール5）

　治療セッションでは，多くの会話がなされますが，ルール5では，FAPにおいて特に重要なセラピストの会話の種類を特定しています。クライエントはセラピストに「なぜ私はあんなことをしたのでしょう？」とか「なぜ私は親密さをそんなに恐れるのでしょう？」とたずねるかもしれませんし，セラピストはその答えを期待されています。行動的な立場では，その答えは「理由」と呼ばれるちょっとした言語行動に過ぎません。FAPの「理由」は，クライエントが自分の問題の解決策を見つけ，治療での進歩を日常生活に般化させるのを助けるように計画されます。機能分析的に与えられる理由には，そのようにふるまうことがクライエントにとってどのように適応的だったかを説明する過去の経験が含まれています。例えば，親密でオープンであることは，近しい関係を形成し維持する上で有益であるだけでなく，罰に対して傷つきやすくさせます。特定のクライエントには，幼少期やその後において，親しくなろうとすると罰せられたという過去があるかもしれません。こうした過去の歴史に言及して自分の親密性の欠如を説明するクライエントは，その問題を解決する手段として，将来，リスクを取ることができる段階にいます。

セッション内の行動と日常生活での行動との相似

　外から内への相似は，日常生活の出来事がセッション内の対応する状況と関係しているときに生じ，内から外への相似は，セッション内の出来事が対応する日常生活の出来事と関係しているときに生じます。これらの相似は，クライエント－セラピスト関係で得られたものを日常生活へ般化させることを容易にするとともに，CRBを特定する（ルール 1）のにも役立ちます。どちらのタイプの相似も重要であり，優れた FAP のセッションでは，内から外と外から内への重層的な相似を通して，日常生活とセッション内の内容をかなり織り交ぜることができます。

　般化の促進が FAP の本質です。以下は，ある FAP のセラピストと「アリシア（Alicia）」というクライエントの対話に基づく例です。アリシアは，抑うつと禁煙のために 20 セッションのトリートメントに参加していました。二人は，アリシアの悩みである，誰かが自分のことを気にかけてくれていることが分かると自分から離れていってしまう，という外から内への相似について話しています。

セラピスト：私たちの作業の中で，私は，私たちの関係がとても，とても大事なもので，外の世界でのあなたの人間関係の縮図であると何度も言ってきましたね［ルール 2：CRB をひき起こす。セラピストは，アリシアが腰痛を理由に最近の数セッションをキャンセルしたのは，治療関係の中で深まってきた親密さを避けるという CRB1 ではないかと仮定しています（ルール 1：CRB に気づく）］。

クライエント：ええ，私もそのことを考えていて，セッション橋渡
　　しシートにそのことを少し書いてみました。これまでの恋
　　愛をふりかえると，どの彼氏も，追いかけるのはとても楽
　　しいのですが，相手がふり向いてくれて，私のことを好き
　　になりだすと，「ゲッ」となってしまうんです。そして，
　　逃げ道をふさがれたように感じます。この関係でも，同じ
　　ようになってしまったと感じています。

セラピスト：私との関係のことですか？

クライエント：ええ，最初の頃は興奮していたし，何もかもが新鮮
　　だったけど，先生が本当に私に注目して，私に注意を向け
　　てくれたので，私は凍りついてしまいました。私のしてい
　　ることに応えてくれる人がいると，なぜかパニックになっ
　　てしまうのです。

セラピスト：親密な近しい関係になると傷つくことも多く，あなた
　　は男性との関係でそれを経験してきたはずです。ですか
　　ら，あなたが慎重になって，距離を置きたいと思うのも無
　　理はありません。そうすると，関係をよりコントロールし
　　ていると感じるようになりますが，それはまた，あなたが
　　避けようとしているまさにその結果をもたらすこともあり
　　ます［ルール5の解釈］。あなたがこのことを口にすること
　　ができたのは，とても大事なことです。それは信じられな
　　いくらいすごいことです。というのも，私はあなたがパ

ニックになっているのを確かに感じたからです［ルール 3,
クライエントが言っていることへの自然な強化］。

クライエント：……人間関係が自分にとって重要な段階になると，
　　私には心のタイマーのようなものが動き出してしまって，
　　捨てられる前に捨てなくてはならないのです。そのとき
　　に，自分はすぐに捨てられることはないと確信していれ
　　ば，再挑戦することができると思います。

セラピスト：これは本当に大切なことです。あなたが交際を始め
　　て，この問題が起こり，それについて話してくれる日が来
　　るのが待ち遠しいです。このように結び付けることができ
　　たのは，あなたに起きていることを教える人がいて，私に
　　話してくれるあなたがいたからということは，いくら強調
　　してもしきれません。私たちがしているこの会話全体は，
　　本当に素晴らしい［ルール 3, さらなる自然な強化：ルー
　　ル 5, 内から外への相似を促す］。

　機能分析的な情報に基づく解釈の提供は，二つの方法で，クライ
エントを助けることができます。第一に，その解釈や理由は，処方
箋，教示，あるいはルールにつながります。「あなたは，奥さんに
対して，かつてお母さんにしたような態度をとっていますね」とい
う解釈は，容易に，「奥さんはあなたのお母さんではないのだから，
もっとフェアに接してください。そうすれば，お二人の関係は改善
するでしょう」という処方箋として受け取ることができます。第二

に，理由は「シグナル」として作用することによって，制御変数を
際立たせ，強化密度（reinforcement density）を高めることができ
ます。例えば，ある女性のクライエントが，セッション中に時々拒
絶されたと感じる理由は，セラピストの丁寧さのレベルの関数であ
り，その丁寧さはセッションが1日のうちのどの程度遅い時間で
あったかと関係していたことを学んだとします。その結果，クライ
エントは，事情を理解し（遅い時間帯に会うときには，セラピスト
の丁寧さが足りないことに気づく），それからは，セラピストが無
愛想なときも，それほど嫌な思いをしなくなります。

　セラピストが開発すべき言語レパートリーは，セッション中ので
きごとを $S^d \cdot R \rightarrow S^r$ と記される関係に結びつける発言です。ここ
で，(1) S^d は，弁別刺激もしくは過去の状況を表しています。S^d
が R の生起に及ぼす影響は強化歴によって変わります。(2) R は反
応あるいはオペラント行動を表しています。R は S^d の影響を受け
ます。(3) S^r は強化あるいは反応が環境に及ぼす効果を表します。
例えば，次のようになります。「私たちの治療関係についてあなた
がどう感じているかを，私がたずねたとき（S^d），あなたは治療目
標について話すという反応をしました（R）。ご存じの通り，それ
は私が関心を抱いているもう一つのトピックです。私は治療目標に
ついて話すことで，あなたの回避に報酬を与えました（S^r）」

　一般的な方略として，クライエントの発言を，機能的関係，学習
歴，そして行動の見地から解釈することは有益です。不適切な動機
づけ，自尊心の低さ，自我強度の欠如，成功への恐れ，といった心
理主義的で非行動的な実体に言及するのを控え，そのかわりに，行
動的な解釈や過去経験を強調することは，治療的介入に適した外的

要因に注意が向けられるため，クライエントにとって有益なので
す。

第 25 章

FAP における理にかなった治療的相互作用

　FAP の 5 つのルールは，柔軟かつ機能的に適用することができます。したがって，FAP の適用の仕方は，クライエントによってかなり違って見えるかもしれません。というのも，CRB やその CRB を強化しているものは，クライエントによって全く異なるからです。しかしながら，経験上，私たちは，いくつかの強力な FAP の相互作用が理にかなった（logical）セッション内系列（sequence）に従ってなされていることに気づいています。ここでは，これらの強力なセッション内 FAP 系列に関する著者らの経験から浮かび上がってくるいくつかの共通点について説明します。この 12 段階の系列の重要な点は，相互作用が進むにつれて，FAP の 5 つのルールが，ルール 1 からルール 5 の順に例示されてゆくということです。つまり，この相互作用が FAP の全体像を示すものなのです。セラピストとクライエントの相互作用を時々刻々のレベルで特定することは，訓練と研究の双方の目的に役立つかもしれません。

　この相互作用は，良好で強力な FAP の関係がすでに構築されていることを前提としています。つまり，セラピストは，(a) クライエントを形成してきた強化随伴性に深く接触しており，(b) クライエントの過去の傷や喪失に深く同情（compassion）し，そして，(c) こうした過去経験の文脈の中でクライエントの CRB1 や CRB2

に気づいています（ルール1）。セッション中，セラピストはアイコンタクトやボディランゲージを用いてクライエントとの強い絆を維持し，思いやりを伝えます。さらに，随伴強化による改善に加え，セラピストは，クライエントがその瞬間にそして治療過程全体を通して開示していることの確からしさを検証する，しっかりとした明確な根拠（foundation）を提供しています。

　この文脈において，今ここで，理にかなった相互作用が生じます。それは，クライエントとセラピストが日々の暮らしのことについて話し合うことから始まります。

1. **セラピストの外から内への相似。**セラピストは，外から内への相似を提供します（ルール1）。セラピストはクライエントの日常生活でのできごとと治療関係で起きていることとの相似を描写します：「おつれあいの方との間でご自分を守ることについて話していますが，私との間でもご自分を守らなくてはならないと感じていますか？」

2. **クライエントによる相似の正確性の確認。**クライエントは，相似の正確さを確認します：「はい」。もちろん，相似は正確でないこともありますが，それは構いません。クライエントの人生上のすべてが，FAPのセッション内に相似を有する必要はありません。

3. **セラピストはCRBをひき起こす。**相似が確認されたら，セラピストはその行動に関するCRBをひき起こします（ルール2）：「さて，どうですか，ガードを下げて，もう少し本音で話してみませんか？　わたしはあなたがそうするのを本当に見てみた

いのです」

4. **クライエントは CRB1 を自発する。** 典型的には，CRB が初め
てひき起こされるときは，回避の CRB1 になります：「よく分
かりませんが，それは本当に難しいでしょう」。もちろん，
CRB1 がほとんどなく，そのかわりに CRB2 がひき起こされる
のが理想的です。セラピストは，CRB1 が生じることを決して
期待してはいませんが，それに対して備えています。

5. **セラピストは CRB1 に対して随伴的に反応する。** セラピストは
CRB1 に対して，回避を阻止したり，喚起的な質問を再提示し
たりすることによって，随伴的に反応します（ルール 3）：「そ
れがあなたにとってどれほど難しいかはよく分かっています。
でも，あなたは強い人だから，今は少しガードをおろしても大
丈夫だと信じています。一息ついて，トライしてみてはどうで
すか？」

　理にかなった FAP の相互作用では，段階 4 と 5 が何度も繰り返
されるループがよく見られます。クライエントは回避し，セラピス
トはその回避を阻止し，もう一度 CRB2 をひき起こそうとします。
クライエントは回避し続けます。セラピストは思いやりを持って優
しく阻止し，CRB2 をひき起こし続けます。まさに，「消去の闘い
（extinction struggle）」が起きているのです：クライエントの CRB1
である回避行動が消えるか，はたまた，CRB1 を阻止し，CRB2 を
ひき起こそうとするセラピストの試みが消えるのか？　セラピスト
は，この長引く闘いにクライエントがどれだけ耐えられるかを計算
しておく必要があります。FAP では，セッションをポジティブで

建設的なものにするために，（CRB1 ではなく）CRB2 に焦点を当てることが重要であり，したがって，クライエントの行動におけるほんの小さな改善であっても CRB2 とみなすことが重要です。

6. **クライエントが CRB2 を自発する。**クライエントが CRB2 に従事します：「あの，そう言っていただけるとありがたいです。私はここでもっと素直になりたいと思っていますが，ありのままの自分でいるというのは，私にはとても難しいのです（泣く）」。このような CRB2 が生じると，FAP における根源的な瞬間が訪れたことになります。

7. **セラピストは CRB2 に随伴的に反応する。**セラピストは CRB2 に対して，自然な強化で，随伴的に反応します（ルール 3）：

「さて，私は今，あなたのことを本当に感じています。私の心は完全にあなたに開かれていて，あなたが経験していることへの同情でいっぱいです。あなたがこうして泣いていると，あなたの痛みや経験してこられたことが強く伝わってきます。あなたが人前で泣くのが好きでないのは知っているけれど，今はそうしてくれた方があなたをとても近く感じられます。私はあなたを傷つけたりしません」

FAP の訓練の多くは，FAP のセラピストが CRB2 に対して，純粋に，思いやりを持って，十分に，そして即時に反応できるようにするためのものです。FAP のセラピストには，それぞれ，CRB2 に上手に反応するための自分流のやり方がありますので，上述した

反応例を「正しい」ものとみなすべきではありません。しかしなが
ら，私たちは，上述の反応例が十分な量と長さであると気づくこと
が重要だと信じています。私たちは，強化的な反応が，クライエン
トにとって，非常に顕著で，明確で，分かりやすいものであること
を望みます。CRB2に対して，セラピストがどのように感じている
のかを，クライエントにとって疑いのないものにしたいのです。

8. **クライエントはさらにCRB2に取り組む。**クライエントはさら
   にCRB2を自発します：「先生がそうおっしゃるのを耳にする
   のは本当につらいです。でも，どういうわけか私は先生を信じ
   ています（さらに激しく泣く）」。ルール3を実行しようとする
   セラピストの試みにクライエントがさらなるCRB2で反応した
   ならば，ルール3が有効であったことが確認されます（ルー
   ル4）。FAPにおける最良の相互作用は，段階7と8が繰り返
   されるループが生まれたときです：セラピストはCRB2を強化
   し，クライエントはさらにCRB2を行い，セラピストはその新
   しいCRB2を強化し，クライエントはさらにCRB2を示し続け
   ます。このようにして，CRB2は迅速かつ強力に形成され，強
   めることができます。多くの場合，このような相互作用は，ク
   ライエントとセラピストの双方の脆弱性を特徴としており，両
   者とも急激に強まる親密度に不快感を感じています。

9. **セラピストはルール4に取り組む。**セラピストは，クライエン
   トに対する自分の反応の効果をたずねます（ルール4）：「さて，
   ここまであなたにとってはどうでしたか？」。セラピストはこ
   の段階に入るのを急ぐべきではありません。実際，次のセッ

ションに持ち越しても良いでしょう。大切なのは，CRB2 が形成される段階 7 から 8 のループが自然に終了することであり，急いではいけません。いったん相互作用が自然に止まったなら，残りの段階は，その相互作用を「処理」して，般化させることです。

10. **クライエントは相互作用が強化的であったと述べる。** クライエントは，セラピストが強化的であったと述べます：「安心しました。良かったです」。この，相互作用の処理は，何がクライエントにとって強化的であったかを評価するのに役立ちますが，セラピストは，FAP では強化は機能的に定義されることを肝に銘じておかねばなりません。強化とは，クライエントの行動を増加させるものであり，クライエントが気に入ったと報告したものではありません。そのため，ルール 4 では，セラピストの反応がクライエントの行動に及ぼす影響の大きさについて時間をかけて観察することが主な目的となります。とはいえ，相互作用の影響に関するこの段階の即時のフィードバックは，セラピストにとって役に立つことが多いものです。

11. **セラピストはルール 5 に取り組む。** セラピストは，相互作用を機能的に説明し，その相互作用に基づいたセッション内から外への相似とホームワークを提供します（ルール 5）：「さて，今起きたことは，あなたがリスクを冒して，ガードを下げたということだと，私は思います。私は，あなたのその姿を拝見して感じたことをお伝えし，それによってあなたがさらに心を開くことができ，今ではホッとして，良い気分になっています［機能的解釈］。ご夫婦の間でもあなたがもっと頻繁にこのようで

あったなら，どうなるかしらと考えています［セッション内か
ら外への相似］。おつれあいの方とこれまでとは違うどんなこ
とができるかを，今から少しだけ話し合ってみませんか［ホー
ムワークにつながる］？

12. クライエントがホームワークに取り組む意思を示す。 この相互
作用の最終段階は，クライエントが日常生活の中で新しい行動
を試みる意思を表明することです。

全体として，この理にかなった相互作用は三つのフェイズで構成
されています。まず，段階1，2，3では，CRB に気づき，CRB
を面接室に持ち込むことが課題です。次に，段階4から8では，
CRB2 の形成が課題となります。これこそが FAP の核心部分です。
最後に，段階9から12までの第3フェイズは，相互作用の処理と般
化によって構成されています。12段階のすべてが起きたならば，
FAP の相互作用は，相互作用が部分的にしか完了していない場合
よりも，より強力で持続的なものになると予想されます。この仮説
を検証することは，FAP にとって重要な一つの研究の方向です。

第26章

他の心理療法に開かれていること

　まれな例外を除いて，本書を読んでいるセラピストは，みな，FAP以外のさまざまな治療アプローチを学んできています。また，多くの方々は，少なくとも一つのタイプの治療アプローチに対する忠誠心，好み，そしてスキルを持っています。本章で扱う主な問いかけは，「FAPは，他のアプローチに基づく実践を続けているセラピストの仕事を，どのようにして向上させることができるか？」というものです。創生期よりFAPは独立した治療法としても，また他のアプローチを強めるための付加的治療法としても用いることのできる統合心理療法（Kohlenberg & Tsai, 1991）としても紹介されていました（Kohlenberg & Tsai, 1994）。本章では，FAPのその付加的特徴に焦点を当てます。

　FAPを用いて他のアプローチを強めたり，FAPを他のアプローチに追加したりする際には，二つの原則があります。第一に，FAPによって強められるアプローチの技法，方法，型，指針，目標は，（最小限の修正はあるものの）追加されたFAPとともに継続して使用されます。これは，FAPを追加することで（下記の認知療法の例のように），セラピストがすでに持っているスキルや他のアプローチで開発された方法を建て増し，活用するという考え方です。このように，FAPによる補強は，セラピストの既存の治療レ

パートリーに統合されるものであって，新しい治療法を学ぶ必要が
ないという点で，ユーザーフレンドリーであることが意図されてい
ます。

　第二の原則は，FAP の根底にある考え方であり，クライエント
とセラピストの関係性の中で，セッション中の，今，ここで生じる
クライエントの改善に対する強化随伴性は，意味のある心理療法的
変化をもたらすための強力な仕組みになりうるというものです。つ
まり，できるだけ，今，ここでの介入を行うことが重要なのです。
したがって，FAP の介入は，セラピストとの関係性の中で生じる
現実での改善をセラピストが認識し（気づき），次に，その改善が
生じた瞬間にそれを育み，形成し，自然に強化することにつきま
す。FAP のことばで言えば，CRB に気づき（ルール1），CRB2 を
強化する（ルール3）ということになります。

　読者によっては，第一原則と第二原則は両立し得ないように感じ
られるかもしれません。これは，私たちが用いる「クライエントの
改善」ということばの意味を取り違えているためだと思われます。
改善は，個別具体的に定義されるものであり，したがって，それぞ
れのクライエントが置かれた文脈，過去経験，目的に応じて，他の
治療法の目標を包含することができます。例えば，次のような内容
が改善となり得ます：親密な関係を築くこと，近しい関係の中で無
防備になること，歪んだ思考（認知の歪み）をより正確でバランス
のとれた思考に置き換えること，認知的な仮説を検証すること，愛
着のスタイルを変えること，隠された感情に触れて表現すること，
初期のトラウマを思い出すこと，マインドフルになること，幼少期
の経験と現在の行動の関係を述べることで自分の問題を説明するこ

と，感情ではなく価値観に従って行動すること。

　次の例は，この二つの原則を用いて，認知療法と FAP を統合したものです。認知療法は，認知行動療法（CBT）としても知られ，さまざまな障害に対する多数の実証的支持を得ている治療法です。FAP による補強を説明するために，もともと Beck とその同僚（Beck et al., 1979）によって提案された，多彩でかなり複雑なアプローチのほんの一側面だけに焦点を当てることにします。

　認知仮説では，先行する出来事が非機能的な認知を喚起し，それが問題となる情動的行動的反応をひき起こすと述べています。治療では，こうした非機能的な認知を同定し，それらをより合理的で正確な認知に置き換えようと試みます。この目標を達成するために用いられる CBT の標準的な治療ツールは，クライエントに毎日の「思考記録」を課すことです。これは，日記のようなもので，「生活状況」「認知や信念」「問題のある感情的反応や行動」の発生と書かれた欄があります。思考記録は，治療セッション中に話し合われ，より合理的で正確な認知の代替案が検討されます。

　もう一つの CBT の方法は，非機能的な仮説の正確さを検証するようクライエントに勧めることです。治療セッションから次の治療セッションまでの間に回避している行動に取り組み，その非機能的な仮説が実際に支持されるかどうかを見るのです。例えば，毎日の思考記録で，ひどいことが起こると思い込んでいるために，不満を表現したり，必要なものを要求したりしないことを示しているうつのクライエントがいたとしましょう。FAP の第一の原則を用いて提案される FAP による補強は，CBT の日誌に，「セラピストとの関係において，治療セッション中にこのようなことは起こります

か？」とたずねる欄を比較的小さく追加して用いることです。この追加により、セラピストは、問題のある感情や非機能的信念（CRB1）が、FAPの第二の原則と一致して、今ここで生じているかどうかに気づくことができます（ルール1）。そして、もし非機能的信念が治療セッション中に生じているのであれば、クライエントはセラピストに欲求や不満を表現することによって（第二の原則）、「ひどいことが起こる」かどうかをテストして、その仮説の正確さを検証するように求められるでしょう（第一の原則と一致しています）。その結果、治療的な変化が実際に生じているときに即時に強化されることで、大幅な改善の機会が得られることになります（翌週にこれらの変化を起こすことばかり話しているのとは対照的に）。このように、非機能的信念とそれを変える方法について話すだけではなく、FAPによる補強によって、実際に現実場面で実践することができるようになるのです。CBT中のセラピストとクライエントの相互作用に焦点を当てることの特に強力な利点は、対人関係に関する非機能的信念を同定し、検証し、修正できることにあります。

　FAPの技法は、経験豊富な認知療法家が学習して実践に組み入れることが可能であり、独立した専門家が判断するCBTの内容と質を損なうことはないというデータがあります（Kohlenberg et al., 2002）。FAPの技法をCBTに加えると、クライエントの対人関係の機能が改善し、治療の持続性が向上します。実際、これらのセラピストが最も力を発揮したセッションは、非機能的信念をその場で同定して修正したものでした（Kohlenberg et al., 2002）。

　FAPとCBT以外の治療様式との統合は、カップルセラピー

(Gurman, Waltz, & Follette, 2010)，精神力動療法（Rosenfarb, 2010），マインドフルネス（Kohlenberg et al., 2009b），モード不活性化療法（mode deactivation therapy; Apsche Ward, & Evile, 2002; Houston, Apsche, & Bass, 2007），グループセラピー（Hoekstra & Tsai, 2010）との関連が論じられています。FAP は，その理論的一貫性から，アクセプタンス＆コミットメント・セラピー（Acceptance and Commitment Therapy, ACT; Hayes et al., 1999），行動活性化（Behavioral Activation, BA; Martell et al., 2010; Lejuez, Hopko, Acierno, Daughters, & Pagoto, 2011），弁証法的行動療法（Dialectical Behavior Therapy, DBT; Linehan, 1993）との統合に特に適しています。これらの統合に関するより詳細な議論は，ACT については Kohlenberg と Callaghan（2010）と Luciano（1999），BA については Busch, Manos, Rusch, Bowe, & Kanter（2010b）と Manos ら（2009），DBT については Waltz, Landes, & Holman（2010）を参照してください。

第 27 章

終結

　治療の終結は，クライエントとセラピストの双方にとって難しい
ものとなりがちですが，強い関係が形成されている場合にはなおさ
らです。そのため，治療の終結の話題は早めに提起し，両者が治療
の終結について話し合うためのセッションを何度か持つべきです。

　ただし，FAP は個別的具体的ケースの心理療法なので，治療期
間に決まりがないのと同様に，終結を扱うために必要なセッション
数にも決まりはありません。治療期間に応じてタイミングが異なる
かもしれません。短期あるいは時間制限心理療法では，クライエン
トとセラピストははじめから治療が 20 セッションあるいは所定の
月数のみで構成されることを知っているでしょう。長期の治療で
は，クライエントとセラピストが，目標が達成された，あるいは十
分な進歩があったと合意した時点で，終結を考えるようになるかも
しれません。

　終結は，クライエントが喪失感や終わりに対する新しいレパート
リーを構築する手助けをする機会です。外の世界では，人間関係が
うまく終わらないことが良くあります。友好的に終わることもあれ
ば，怒って終わることもありますし，なかには別れを告げずに徐々
に離れていってしまうこともあります。しかしながら，（死期が迫
り，その準備をしている場合は別として）終わりというものが，そ

の意味を真に探求し，十分に感じる機会としてとらえられることは
ほとんどありません。FAP のセラピストは，そのような意味のあ
る終結を目指します。

　セラピストは，例えば次のように言って，終結についての会話を
始めるかもしれません。「終わりと喪失は，人生と人間関係の一部
であり，治療や治療関係は，私たちがお互いに与えあった影響を認
めることによって，重要な関係を思慮深く終わらせる貴重な機会を
与えてくれます」詳しく調べることを可能にする質問は，「多くの
クライエントにとって，治療の終結は，過去の変遷や喪失の感情や
記憶を呼び起こします。終わりというと，あなたには，だいたい，
どんな考えや感情が起こりますか？　この治療関係の終わりについ
て，どんな考えや感情を抱きますか？」というものです。セラピス
トは，クライエントに関するしっかりと形成され練り上げられた
ケース概念（case conceptualization）を持っているでしょうから，
クライエントの反応が CRB1 であるか CRB2 であるかを判断し，適
切に反応するはずです。

　FAP のセラピストは，治療終結時の手紙（end-of-therapy letter）
を書くこともあります。このような手紙は，別れのプロセスの重要
な要素となります。この手紙には，進歩したこと，セラピストが
クライエントに感謝していること，セラピストが感動した相互作用，
治療中に目を惹いた相互作用，セラピストが覚えていることや治療
からセラピストが持ち帰ったこと，クライエントに持ち帰ってほし
いこと，クライエントに対する希望や願い，お別れのアドバイスな
どが書かれているかもしれません。これらは，クライエントとセラ
ピストが終結について話し合う際にも必要な問題です。終わりの手

紙を渡すことで，クライエントは治療から何か具体的なものを持ち帰ることができ，自分の進歩や治療関係を具体的に思い出すことができます。

　FAP の最後の段階は，治療から得たものを定着させ，治療関係の中で生じた肯定的な相互作用が，クライエントの外の生活にも般化していることを確認するための時間です。それは，一つの人間関係というものを，どうやって，前向きに，意味と感情を伴って終えることができるかをかたどる機会です。クライエントは，自分が特別な存在であることを明確に認識し，自分の人生における人間関係や地域社会，そしておそらく世界に対して自身が貢献すべきことをよく分かっているはずです。

第28章

スーパーヴィジョンと訓練

　FAP のスーパーヴィジョンと訓練は，教訓的であると同時に経験的でもあり，セラピストの自己開発と FAP を行う上での核となる以下の10の能力を確立することを重視しています：(1) 行動分析的なケースの概念化を行うこと，(2) CRB をトポグラフィーではなく機能クラスとして理解すること，(3) CRB を同定すること，(4) CRB1 に効果的に反応すること，(5) CRB をひき起こすこと，(6) CRB2 に効果的に反応すること，(7) 温かさ，信頼関係の構築，リスクを取ること，自己開示などの自然な強化レパートリーを表現すること，(8) 強化の影響に気づいていることを表現すること，(9) T1 と T2 に気づいていることを表現すること，(10) 機能分析的に説明された解釈を提示し，般化の方略を提供すること。

　以上は，FAP のスーパーヴィジョンと訓練プロセスの理解を促進する概念的な枠組みを表しています（Callaghan, 2006b; Kohlenberg & Tsai, 1991; Tsai, Callaghan, Kohlenberg, Follette, & Darrow, 2009a; Follette & Callaghan, 1995）。

　あらゆる理論的オリエンテーションのスーパーヴィジョンと同様に，FAP のスーパーヴィジョンと訓練の第一の目標は，スーパーヴァイジーの知識の基盤と批判的で概念的な臨床的思考スキルを高めることです。この目標は，能力のモデリング，（読書課題を含む）

具体的な教示，目標設定，パフォーマンスに対するフィードバック
によって達成されます（Milne & James, 2000）。FAP の知識の基盤
は，治療プロセスの重要な特徴を説明するための言語レパートリー
で構成されています。例えば，(1) どのようなクライエントの行動
が CRB1 や CRB2 になりうるかを理解するためのケースの概念化を
行うこと，(2) CRB2 をひき起こし，自然に強化すること，(3) 治
療やスーパーヴィジョンの最中に生じる T1 と T2 を機能分析する
こと，などがあげられます。

　FAP のスーパーヴィジョンと訓練の第二の目標は，CRB に気づ
き，それをひき起こし，強めるためのセラピストの行動を直接形成
し，その効果を高めることです。これらのセラピストの行動は，随
伴性によって形成されるものです。FAP の知識の基盤の向上とは
異なり，随伴性形成行動の向上は自覚なしで起こる可能性がありま
す。この種の知識は，あらゆる言語で，「深い」「感情のこもった」
「直観的」と表現されます（Skinner, 1974）。

　FAP のスーパーヴィジョンでは，セラピストの行動は，重要な
行動の自発や気づきが生じるスーパーヴァイザーとの濃密な対人関
係に直接さらされることで，学習されます。Safran と Muran（2001）
も同様に，スーパーヴィジョンでは，治療と同じく，すべての相互
作用が関係性の文脈の中で生じることを示唆しています。彼らは，
主として概念的なレベルでの学習では不十分であるため，スーパー
ヴィジョンには現実場面で経験する機会を含めるべきだと主張して
います。スーパーヴィジョンを通して，知的に知ることと情緒的に
知ることの違いを，あるスーパーヴァイジーが的確に表現していま
す。

　「他の多くのスーパーヴァイザーは，私にクライエントと情緒的に向き合うことを教えようとしました。しかし，私は，情緒的に向き合うということは，自分の心を優先して行うことだと気づいたのです。この課題を達成するためには，そのことをスーパーヴィジョンで聞いたり，論文で読んだり，ビデオで観たりするだけでは不十分でした。私はそれを自分自身で体験する必要がありました。つまり，スーパーヴィジョンの関係の中で体験する必要があったのです。これこそが，FAP と FAP のスーパーヴィジョンの核心であり，私と私の仕事を変化させてくれるものなのです」

　以下に述べるスーパーヴィジョンの方法は，スーパーヴァイザーがスーパーヴァイジーと強力な関係を築くためのさまざまな手立てを示しています。このような関係は，スーパーヴァイジーが大きな個人的利益を経験して，より力量のある FAP のセラピストになる深遠なる瞬間を生み出すことを目指しています。

スーパーヴィジョンのための「神聖な」空間を創る

　FAP のセラピストが，クライエントのために神聖な治療空間を創るように，FAP のスーパーヴァイザーもスーパーヴァイジーのために同じように神聖な空間を創ります。第 15 章で述べられたように，「神聖な」空間とは，ある人物や特別な目的のために排他的に捧げられ，制裁によって侵害から守られているものです。このようなラベルが貼られているかどうかにかかわらず，重要なのは，スーパーヴァイジーが FAP の実施方法を学ぶ際に，安全で深くケ

アされていると感じられる環境を FAP のスーパーヴァイザーが創ることです。治療と同様に，真の関係を築き，スーパーヴィジョンの根拠を明確に説明し，スーパーヴィジョン中に正の強化を最大にすることで，これを達成することができます。機能的には，スーパーヴィジョンの空間が神聖で，正の強化に満ちているほど，スーパーヴァイジーがリスクを取る可能性が高くなり，大きなレパートリーの変更がなされ，変化をもたらすことができます。

必要に応じて現実の（in vivo）ワークに焦点を当てる

FAP のスーパーヴィジョンでは，スーパーヴァイジーがセラピストとして成長することに関わる現実のワークに焦点を当てることが重要です。これは，神聖な空間とスーパーヴァイザーとスーパーヴァイジーのリアルな関係という文脈の中で，スーパーヴァイジーの標的行動への自然な随伴強化を通してなされます。

スーパーヴァイザーは，FAP に適用される主要なスーパーヴァイジーの標的行動，例えば，気づく，勇敢になる，治療的に愛するといった行動をひき起こし，自然に強化します。FAP のスーパーヴァイザーとスーパーヴァイジーは，何がスーパーヴァイジーの T1 で何が T2 かを一緒に定めるべきです。また，スーパーヴァイザーは，スーパーヴィジョンの関係の中で生じる T1 と T2 にも敏感であるべきです。スーパーヴィジョンは治療ではないので，スーパーヴァイザーはクライエントに話すときよりも詳しく，スーパーヴァイジーに対する自分の T1 や T2 を開示することを選択しても良いでしょう。そして，スーパーヴァイジーがスーパーヴァイザーの改善点を明示的に強化することを受け入れてもよいのです。スー

パーヴィジョンにおける典型的な標的は，回避を減らし，勇気を増やすことです。セラピストの回避の減少には，リスクを取ること，感情（思いやり，悲しみ，怒りなど）を抱き，それを表現すること，弱みを見せること，苦しんでいる人に難しいことをするように求めること，自分自身の恐怖に向き合い，他の人にも同じようにするよう求めること，沈黙，批判，葛藤，意見の相違を歓迎することなどが含まれます。

　FAP のスーパーヴァイザーは，スーパーヴァイジーの T1 と T2 に反応することによって，FAP のルール（CRB に気づくこと，CRB をひき起こすこと，CRB を自然に強化すること，自分の影響に気づくこと，機能分析的解釈を行うこと）の実施過程のモデルをスーパーヴァイジーに示します。例えば，治療的に愛するということは，ルール３の重要な側面であり，スーパーヴァイジーの向上や成功を自然に強化し，それらに自然に強化されることに等しいものです。治療的に愛するということは，スーパーヴァイザーが文脈的にモデルになることができる広範な治療行動クラスです。そのような訓練は，スーパーヴァイジーの治療活動につながりやすいのです。スーパーヴァイザーが治療的な愛を示すほど，スーパーヴィジョンの関係は親密で深遠なものとなり，スーパーヴァイジーがこのプロセスを経験することで，クライエントとの関わりが促進されるでしょう。

　このように，FAP のスーパーヴァイザーは，自分の考えや感情をスーパーヴァイジーに伝えることに忠実であり，スーパーヴァイジーの最良の資質を見て，それを引き出し，尊重し，強化します。その結果，次のような言葉をスーパーヴァイジーから引き出すこと

になるかもしれません。「先生は，私の最良の姿を映し出し，私が
なりうる最高の姿を見てくれています」FAP の治療と同じように，
FAP のスーパーヴィジョンの強度は，スーパーヴァイジーの必要
度とレパートリーに応じて異なり，スーパーヴァイジーの進歩は，
時間をかけて形成されていきます。

第 29 章

倫理的な問題と予防措置

　FAP は，濃くて深い治療体験を生み出そうとします。FAP のセラピストが自分の仕事に傾ける思慮深さ，気配り，目配りの度合いもまた同じく，濃くて深いものでなければなりません。「アメリカ心理学会の倫理指針（サイコロジストのための倫理綱領および行動規範，2010 年改正）」のような一般にセラピストを導くために開発された倫理綱領は，FAP にもあてはまります。FAP に固有の特徴により，これらの指針の中には特に重要なものがあります。以下の節では，倫理的問題が起こりうる領域と，それらがどう FAP と関わるかについて述べます。

搾取を避ける

　治療関係は不平等な力関係であるため，「現時点で，そして長期的に見て，クライエントにとって何が最良なのか？」という問いを常に念頭に置くことが重要です。この問いを治療の最前線に置いておくことで，セラピストへの不健康な依存，性的な関与，治療というよりも友情に近い関係で双方が満足するような延々と続く治療など，クライエントにとって有害となりうる多くの状況で，クライエントを搾取したり傷つけたりする可能性を最小限に抑えることができます。

　FAP の関係でしばしば生まれる強く情緒的な親密さは，性的魅力が育まれる可能性を高めるかもしれません。そのため，FAP のセラピストは，この領域で可能な限りの境界線を持たなければなりません。「フェミニストの倫理綱領（1999）」に記載されているように，セラピストは，あからさまな方法でクライエントを性的に搾取してはならず，また，より微妙な形での性的搾取にも注意しなければなりません。例えば，クライエントが自己の感覚を損なうような性的な行動によって他者からの承認を求めるという CRB1 を持っている場合，FAP のセラピストはこの行動を見極め，これを強化することを避けなければなりません。

自分の文化的なバイアスに気づく

　私たちは皆，自分が生きてきた文化的文脈によって形成されてきたことを考えると，FAP のセラピストは，文化的な期待のみに基づいてクライエントの行動を CRB1 や CRB2 として定義しないように注意しなければなりません（Vandenberghe et al., 2010）。自分のバイアスに気づかないでいると，実際には CRB1 であるクライエントの行動を不注意にも強化してしまったり，CRB2 の行動を罰してしまうかもしれません。例えば，セラピストが男性はストイックであると期待している場合，男性クライエントの感情表現がその人にとっては CRB2 であったとしても，微妙に罰してしまうかもしれません。

　文化の重要性は，いくら強調してもし過ぎることはありません。FAP の観点から言えば，私たちは環境の産物であり，文化は環境の主要な要因です。ですから，FAP のセラピストは，クライエン

トの文化やサブカルチャーに深く精通し，クライエントの文化について学ぶ必要があるときは，スーパーヴィジョンを受けなければなりません。何を強化するのか，何を罰するのかは文化によって異なります。FAP のセラピストは，CRB の性質や何が CRB を自然に強化するかに関する文化的な違いを評価することに長けていなければなりません。また，FAP のセラピストは，言語が文化の主要な伝達手段であるという事実に敏感でなければならず，それに応じて言語を適応させなければなりません。例えば，本書では「治療的な愛」の使用について言及しています。著者たちの多数派の文化では，「治療的な愛」というフレーズを使うことは，やや挑戦的で危険な意味合いを含んでいますが，決して非倫理的であったり性的であったりするものではありません。しかし，文化によっては，この文脈で「愛」という言葉を使うことは，性的な関係を意味するため，適切ではありません。

クライエントを徹底的に理解する

　FAP のセラピストは，リスクを取り，CRB をひき起こし，濃密な治療関係を築きます。これらの経験は，すべて有益である可能性がありますが，クライエントにとってはストレスや困難，あるいは有害でさえあるかもしれません。そのため，セラピストは，シェイピングの原理を注意深く慎重に用いなければなりません。そのためには，クライエントのことをよく知り，セラピストがどのような行動をとればクライエントが望むレベルでの成長や変化を促すことができるのかを知っている必要があります。また，どのような行動をとれば，クライエントを圧倒したり不快にさせたりすることになる

のか，治療からの撤退や過度の苦痛，さらには治療の中止につなが
るのか，を知っておかなければなりません。FAP のセラピストは，
クライエントに治療の性質を丁寧に伝え（第 16 章の FAP の理論的
根拠を参照のこと），また，クライエントが耐えられる方法で，
セッション内への焦点への移行を段階的に進めることが推奨されま
す。

クライエントに利益をもたらす強化子によって制御される

　FAP の観点からすると，クライエントにとって有益でない強化
子によって制御されているセラピストは，倫理的侵犯の元凶となり
ます。例えば，クライエントが頻繁に感謝の言葉を述べたり，褒め
たりすることで，セラピストが強化され，そうした行動がクライエ
ントの CRB1 であるような場合です。もしセラピストがこのプロセ
スに気づかなければ，クライエントの問題を強化し，維持するよう
な対応をしてしまうかもしれません。したがって，セラピストは，
クライエントの援助にはつながらないけれども，セラピスト自身に
とっては泣き所である強化子がどの領域にあるのかを認識しておく
ことが極めて重要なのです。このような場合，FAP では，セラピ
ストのスーパーヴィジョンやコンサルテーションが常に推奨されて
います。

自己認識を向上させる

　FAP ではセラピストがリスクを取ることを奨励していますが，
そのようなリスクは明確さと自己認識の文脈の中で背負わなければ
なりません。効果的な FAP のセラピストは，高いレベルの自己認

識，自分自身の動機や強化子を吟味する率直さ，そして防衛的にならずに自分自身の T1 を認め，それに対応する能力を持っていなければなりません。このような自己認識はすべてのセラピストにとって重要ですが，FAP ではセラピストがリスクを取って CRB をひき起こすことが奨励されているため，特に重要だと考えています。例えば，個人的な関係において孤独で，親密さを欠いているセラピストは，親密さの主な源として治療関係に過度に依存し，その親密さを高めたり正当化したりする手段として FAP に惹かれることがあります。そのようなセラピストは，FAP のルールに従うという名目で，クライエントに適切以上の親密さを要求するかもしれません。FAP のセラピストは，自分自身の反応や T1 を継続的に検証することが重要です。繰り返しになりますが，コンサルテーションやスーパーヴィジョンは，そのような探求のために重要な役割を果たします。

クライエントの標的行動を自分自身のレパートリーにしておく

　多くのクライエントは，面倒を見てもらうことや助けてもらうことを受け入れることが難しく，他者に弱みを見せたり，他者と打ち解けたり，近しくなったり，親密になることが苦手です。そのようなクライエントに対しては，FAP のセラピストは，新しく，よりつながりのある方法で，セラピストと関わる機会のある文脈を作り出す必要があります。親密であることに居心地の悪さを感じ，その問題に対処していないセラピストは，クライエントとのつながりや親密さを十分にひき起こす行動をとることができにくいものです。そうしたセラピストのクライエントは，人間関係における親密さに

関わる本質的な問題に取り組む機会が与えられず，この領域での
CRB2 を強化されないかもしれません。同様に，親密さ，近しさ，
弱みを見せることに居心地の悪さを感じるセラピストは，クライエ
ントがもっと結びつきを求めたり，セラピストに関する個人的な質
問をしたり，セラピストへの信頼の表明を，人間関係への依存や渇
望という幅広いクラスの CRB1 と解釈する傾向があるかもしれませ
ん。クライエントによっては，それが本当に CRB1 であるかもしれ
ませんが，セラピスト自身の T1 が，クライエントの行動が実際に
は CRB1 でないのにもかかわらず，CRB1 を反映していると誤って
推測させているとしたら，それは明らかに問題です。

　また，別れや孤独に耐え，自立して生きることが難しいクライエ
ントには，それらの行動をひき起こし，形成するセラピストの助け
が必要かもしれません。繰り返しになりますが，人間関係における
距離感，自律性，そして別れが苦手なセラピストは，クライエント
の CRB1 を不用意に強化してしまうかもしれません。そうしたセラ
ピストは，これらの行動を CRB1 として認識せず，CRB2 が生じる
機会を作り出さないかもしれません。

　このような親密性と独立性の両方を含む人間関係の能力は，クラ
イエントが同様の行動を伸ばすのを助けるために，FAP のセラピ
ストが申し分なく強めたい幅広い行動群の例です。高所恐怖症のセ
ラピストが高所恐怖症のクライエントの現実療法（in vivo treat-
ment）を実施するのが難しいように，FAP のセラピストは，クラ
イエントの伸ばすべき行動を自分が行うことができれば，ずっと力
を発揮しやすくなります。FAP のセラピストは，自分自身の過去
経験，行動レパートリー，現在の生活上の弱点を考慮に入れて，自

らが効果的に支援できるクライエントの問題の種類を慎重に評価しなければなりません。FAPのセラピストは，自分自身の心理療法，スーパーヴィジョンやコンサルテーションの中で，自らの弱い領域に取り組むことが強く推奨されます。

有益ではない治療を続けない

　FAPに基づいた治療は，すべてのクライエントに役立つわけではありません。また，セラピストとクライエントの相性の重要性は，研究によって明確に支持されています。治療がうまくいかないと，セラピストはしばしば感情的になり，その結果，クライエントを非難したり，直接的または間接的にクライエントと距離を置いたり，拒否的になったり，過度に謝罪したり，自己批判的になったり，進展がないことを認めずにがんこに治療を続けたりするなどの問題行動を起こすことがあります。ときには，クライエントが治療を続けないと決心することが，重要なCRB2となることもあります。そのようなときには，FAPのセラピストは，その行動を強化できなければなりません。

第 30 章

FAP の可能性

　FAP は，治療的な愛と対人的な絆を力に変えるものです。FAP
のセラピストは，FAP のルールのエッセンスである気づき，勇気，
愛，行動主義に取り組むことによって，クライエントの特別で大切
な部分が反響するよう，強く，忘れがたい関係をクライエントとと
もに築くことに勤しみます。私たち FAP のセラピストは，リスク
を取り，思いやりを持って真実を語る見本となり，クライエントが
もっと弱みを見せ，素直になり，最良の自己を引き出せるように促
します。

　このように，クライエントが弱みを見せ，素直になることの威力
は，人間の絆や，共感，帰属，愛といった能力の質的研究者である
ブレネー・ブラウン（Brene Brown）の研究でも裏付けられていま
す。「弱みを見せることの力」と題する TED（Technology, Enter-
tainment, Design）〈訳注：毎年大規模な世界的講演会「TED Con-
ference」（テド・カンファレンス）を開催している非営利団体。ア
メリカ合衆国のニューヨーク市に本部がある〉での講演（Brown,
2010）の中で，彼女は，自分の生き方，愛し方，働き方を変えた自
らの研究からの深い洞察を紹介しています。

　ブラウンは，インタビューした何千人もの人々を，絆，価値，
愛，所属の感覚を有する人と，その感覚を求めてもがいている人と

に分けました。ある変数が，これらの人々を分けました。絆を感じ
ている人々は，自分が何者であるかをすべて語る勇気を持っている
ことで共通していたのです。彼らは弱さをさらしながら生活し，自
分自身の深く，弱いところまで見られることを許していました。そ
の素直さの結果として，彼らは絆を得ていたのです。もう一つの共
通点は，たとえ不快であったとしても，傷つきやすさを必要なもの
として十分に受け入れていたことです。彼らは，先に「私はあなた
を愛しています」と言うことを厭わず，保証のないことをすること
を厭わず，うまくいくかどうか分からない人間関係に投資すること
を厭わなかったのです。

　このように，ブラウンの研究の主な発見は，弱みを見せること
が，絆，価値，喜び，創造性，所属の感覚，愛を求める私たちの戦
いの中核にあるということです。彼女は次のように述べています。

　　絆が生まれるためには，自分自身が見られること，傷つきやす
　くなることを許容しなければなりません。私たちの人生は，自分
　が何者であるか，何を信じているか，どこから来たのか，どのよ
　うに努力しているのか，どのように強いのか，といった物語と真
　実の集合体です。人々にどう思われるかを気にせず，自らの物語
　を持つことができれば，私たちは，自分自身の価値を知ることが
　できます。つまり，自分はありのままで**十分**であり，**愛され，受
　け入れられる**価値があるという感覚です（Brown, 日付不詳）。

　FAP は，絆を結び，愛し愛されるというクライエントの能力を
高めるだけではありません。今や，FAP のセラピストの中には，

生態学的，環境的，社会的正義や非暴力などの目標を重視し，自分の才能や情熱を持って世界に貢献するという社会的な意識の高い考えを取り入れる人も出てきています。近年，地球規模の問題が深刻化している中，私たちは「緑」の FAP と名づけた FAP のバリエーションを提案してきました。この FAP は，「緑」の運動（Green Politics, 日付不詳）の理想に沿ったセラピストの個人的価値観を治療に導入することを奨励していることから，「緑」の FAP と名づけられました。「緑」の FAP は，より大きな文化的問題への関心と，できうることに関わってほしいという願いを表明しています。「緑」の FAP は，私たちに，（1）すべての命が尊い世界を主張し，（2）これまでにない方法で愛し，（3）個人の主体性を最高レベルにまで高め，情熱と才能を個人，対人，そして世界の変革に傾けることを強く促します（Tsai, Kohlenberg, Bolling, & Terry, 2009b）。

　このような思いが私たちの使命であると同時に，FAP は科学者としてデータに忠実であることを求め，データが明確に指示する場合には方向性を転換することも厭いません。FAP の研究はまだ始まったばかりですが，既存のデータは，実際のところ支持的です（Baruch et al., 2009b）。

　例えば，FAP が成功したケースと失敗したケースの時々刻々の相互作用をマイクロプロセスで詳細に分析することで，FAP で作用している正確なメカニズムと，それらの相互作用の影響を最大化する方法が明らかになりつつあります（Busch, Callaghan, Kanter, Baruch, & Weeks, 2010a; Busch et al., 2009）。最近の研究では，FAP の成功には，FAP のセッションを CRB2 への強化で終えていることが非常に重要なこと，一方，失敗したケースは，セッション

をCRB1で終えていることが示唆されています（Kanter, 2010）。これらのデータは，FAPのセッションがCRB1で占められ，FAPのセラピストがCRB2をうまくひき起こせない場合は，ドロップアウトの危険率が高まることも示唆しています。このように，FAPのセラピストには，セッションがポジティブで，問題行動を罰するよりも改善された行動を形成することに焦点を当てることを保証するデータに基づく理由があります。

　このような臨床家に直接役立つ研究は，FAPの有望性を科学的な観点から語りかけます。FAPは，クライエントとセラピストの間の時々刻々の相互作用に，臨床家にも研究者にも目を向けさせる行動分析的な科学的枠組に基づいているため，FAPのメカニズムに関する研究は，臨床実践に直結しています。そのため，臨床家は，クライエントにとって本当に重要な，深く，意味のある，変化に富んだ関係を築くことに集中することができ，自分のしていることが，実際に科学によって導かれ，研究に裏付けられているという確信を持って仕事をすることができます。このように，FAPは，科学者－実践家モデルの典型といえます。私たちは，次世代の臨床家や研究者が，このモデルをさらに発展させていくことを期待しています。

文　献

Addis, M. E., & Jacobson, N. S. (2000). A closer look at the treatment rationale and homework compliance in cognitive-behavioral therapy for depression. *Cognitive Therapy and Research, 24*(3), 313-326.

American Psychiatric Association (2000). *Diagnostic and statistical manual of mental disorders:DSM-IV-TR.* Washington, DC: American Psychiatric Association.

Apsche, J. A., Ward, S. R., & Evile, M. M. (2002). Mode deactivation: A functionally based treatment, theoretical constructs. *Behavior Analyst Today, 3*(4).

Barrett, M. D., & Berman, J. S. (2001). Is psychotherapy more effective when therapists disclose information about themselves? *Journal of Consulting and Clinical Psychology, 69,* 597-603.

Baruch, D. E., Kanter, J. W., Busch, A. B., & Juskiewicz, K. (2009a). Enhancing the therapy relationship in acceptance and commitment therapy for psychotic symptoms. *Clinical Case Studies, 8,* 241-257.

Baruch, D. E., Kanter, J. W., Busch, A. M., Plummer, M. D., Tsai, M., Rusch, L. C., et al. (2009b). Lines of evidence in support of FAP. In M. Tsai, R. J. Kohlenberg, J. W. Kanter, B. Kohlenberg, W. C. Follette, & G. M. Callaghan (eds.), *A guide to functional analytic psychotherapy: Awareness, courage, love and behaviorism* (pp. 21-36). New York: Springer.

Beck, A. T., Rush, A. J., Shaw, B. F., & Emery, G. (1979). *The cognitive therapy of depression.* New York: Guilford Press.

Behavior Analysis Association of Michigan (retrieved March 15, 2011). *Behaviorism deathwatch: A collection of premature obituaries and other naive comments on the status of behaviorism.* Retrieved from http://www.baam.emich.edu/baammiscpages/baamdeathwatch.htm

Bolling, M. Y., Terry, C. M., & Kohlenberg, R. J. (2006). Behavioral theories. In J. C. Thomas, D. L. Segal, (vol. eds.), M. Herson, J. C. Thomas (eds. in chief), *Comprehensive handbook of personality and psychopathology,* volume 1: *Personality and everyday functioning* (pp. 142-157). Hoboken, NJ: John Wiley.

Boring, E. G., Bridgman, P. W., Feige, H., Pratt, C. C., & Skinner, B. F. (1945). Rejoinders and second thoughts. *Psychological Review, 52*(5), 278-294. doi: 10.1037/h0063275

Bowlby, J. (1969). *Attachment and loss.* New York: Basic Books.

Brown, B. (2010). *The power of vulnerability*. Retrieved March 15, 2011, from http://www.ted. com/talks/brene_brown_on_vulnerability.html

Brown, B. (n.d.). Retrieved March 15, 2011, from http://www.ordinary courage.com/

Buber, M. (n.d.). *Martin Buber quotes*. Retrieved February 14, 2008, from thinkexist. com/quotes/martin_buber/

Burman, B., & Margolin, G. (1992). Analysis of the association between marital relationships and health problems: An interactional perspective. *Psychological Bulletin, 112*(1),39-63.

Busch, A. M., Callaghan, G. C., Kanter, J. W., Baruch, D. E., & Weeks, C. E. (2010a). The Functional Analytic Psychotherapy Rating Scale: A replication and extension. *Journal of Contemporary Psychotherapy, 40*, 11-19.

Busch, A. M., Kanter, J. W., Callaghan, G. M., Baruch, D. E., Weeks, C. E., & Berlin, K. S. (2009). A micro-process analysis of functional analytic psychotherapy's mechanism of change. *Behavior Therapy, 40*, 280-290.

Busch, A. M., Manos, R. C., Rusch, L. C., Bowe, W. M., & Kanter, J. W. (2010b). FAP and behavioral activation. In J. W. Kanter, M. Tsai, & R. J. Kohlenberg (eds.), *The practice of functional analytic psychotherapy* (pp. 65-81). New York: Springer.

Callaghan, G. M. (2006a). The Functional Idiographic Assessment Template (FIAT) system: For use with interpersonally-based interventions including Functional Analytic Psychotherapy (FAP) and FAP-enhanced treatments. *The Behavior Analyst Today, 7*, 357-398.

Callaghan, G. M. (2006b). Functional analytic psychotherapy and supervision. *International Journal of Behavioral and Consultation Therapy, 2*, 416-431.

Callaghan, G. M., Gregg, J. A., Marx, B., Kohlenberg, B. S., & Gifford, E. (2004). FACT: The utility of an integration of Functional Analytic Psychotherapy and Acceptance and Commitment Therapy to alleviate human suffering. *Psychotherapy: Theory, Research, Practice, Training, 41*, 195-207.

Clark, D. A., Beck, A. T., & Alford, B. A. (1999). *Scientific foundations of cognitive theory and therapy of depression*. New York: John Wiley.

Cordova, J. V., & Scott, R. L. (2001). Intimacy: A behavioral interpretation. *Behavior Analyst, 24*(1),75-86.

Deikman, A. J. (1973).The meaning of everything. In R. E. Ornstein (ed.), *The nature of human consciousness* (pp. 317-326). San Francisco, CA: Freeman.

Dichter, G., Felder, J., Petty, C., Bizzell, J., Ernst, M., & Smoski, M. J. (2009). The effects of psychotherapy on neural responses to rewards in major depression. *Biological Psychiatry, 66*(9), 886-897.

Edwards, C. E., & Murdock, N. L. (1994). Characteristics of therapist self-disclosure in the counseling process. *Journal of Counseling and Development, 72*, 384-389.

Erikson, E. (1968). *Identity, youth, and crisis*. New York: Norton.

Ethical Principles of Psychologists and Code of Conduct, 2010 Amendments (2010). Retrieved January 2,

2011, from http://www.apa.org/ethics/code/index.aspx

Feminist Code of Ethics (1999). Retrieved April 15, 2011, from http://www.chrysaliscounseling.org/Feminist_Therapy.html

Ferster, C. B. (1967). The transition from laboratory to clinic. *The Psychological Record, 17*, 145-150.

Follette, W. C., & Callaghan, G. M. (1995). Do as I do, not as I say: A behavior-analytic approach to supervision. *Professional Psychology: Research & Practice, 26*, 413-421.

Follette, W. C., Naugle, A. E., & Callaghan, G. M. (1996). A radical behavioral understanding of the therapeutic relationship in effecting change. *Behavior Therapy, 27*(4),623-641.

Gable, S. L. & Reis, H.T. (2006). Intimacy and the self: An iterative model of the self and close relationships. In P. Noller & J. Feeney (eds.), *Close relationships: Functions, forms and processes* (pp. 211-225). London: Psychology Press.

Green Politics (n.d.). Retrieved March 15, 2008, from http://en.wikipedia.org/wiki/Green_movement

Gurman, A. S., Waltz, T. J., & Follette, W. C. (2010). FAP-enhanced couple therapy: Perspectives and possibilities. In J. W. Kanter, M. Tsai & R. J. Kohlenberg (eds.), *The practice of functional analytic psychotherapy* (pp. 125-147). New York: Springer.

Haggbloom, S. J., Warnick, R., Warnick, J. E., Jones, V. K., Yarbrough, G. L., Russell, T. M., et al. (2002). The 100 most eminent psychologists of the 20th century. *Review of General Psychology, 6*, 139-152.

Hayes, S. C. (1984). Making sense of spirituality. *Behaviorism, 12*(2), 99-110.

Hayes, S. C., Barnes-Holmes, D., & Roche, B. (eds.) (2001). *Relational frame theory: A post-Skinnerian account of human language and cognition.* New York: Kluwer Academic/Plenum Publishers.

Hayes, S. C., & Brownstein, A. J. (1986). Mentalism, behavior-behavior relations, and a behavior-analytic view of the purposes of science. *Behavior Analyst, 9*(2), 175-190.

Hayes, S. C., & Hayes, L. J. (1992). Some clinical implications of contextualistic behaviorism: The example of cognition. *Behavior Therapy, 23*(2), 225-249.

Hayes, S. C., Hayes, L. J., & Reese, H.W. (1988). Finding the philosophical core: A review of Stephen C. Pepper's world hypotheses: A study in evidence. *Journal of the Experimental Analysis of Behavior, 50*(1), 97-111.

Hayes, S. C., Strosahl, K. D., & Wilson, K. G. (1999). *Acceptance and commitment therapy: An experiential approach to behavior change.* New York: Guilford Press.

Hill, C. E., Helms, J. E., Tichenor, V., Spiegel, S. B., O'Grady, K. E., & Perry, E. S. (1988). The effects of therapist response modes in brief psychotherapy. *Journal of Counseling Psychology, 35*, 222-233.

Hoekstra, R., & Tsai, M. (2010). FAP for interpersonal process groups. In J. W. Kanter, M. Tsai, & R. J. Kohlenberg (eds.), *The practice of functional analytic psychotherapy* (pp. 247-260). New York: Springer.

Horvath, A. O. (2001). The alliance. *Psychotherapy, 38*(4), 365-372.

Houston, M. A., Apsche, J. A., & Bass, C. K. (2007). A comprehensive literature review of Mode Deactivation Therapy. *International Journal of Behavioral Consultation and Therapy, 3*(2),271-309.

Kanter, J. W. (2010, October). *Functional Analytic Psychotherapy (FAP): A micro-process approach to evaluating the mechanism of change of psychotherapy.* Invited lecture for the 2010 Australia-New Zealand ACBS (ACT & RFT) Conference, Adelaide, Australia.

Kanter, J. W., Kohlenberg, R. J., & Loftus, E. F. (2004). Experimental and psychotherapeutic demand characteristics and the cognitive therapy rationale: An analogue study. *Cognitive Therapy and Research, 28*(2), 229-239.

Kanter, J. W., Landes, S. J., Busch, A. M., Rusch, L. C., Brown, K. R., Baruch, D. E., et al. (2006). The effect of contingent reinforcement on target variables in outpatient psychotherapy for depression: A successful and unsuccessful case using functional analytic psychotherapy. *Journal of Applied Behavior Analysis, 39,* 463-467.

Kanter, J. W., Weeks, C. E., Bonow, J. T., Landes, S. J., Callaghan, G. M., & Follette, W. C. (2009). Assessment and case conceptualization. In M. Tsai, R. J. Kohlenberg, J. W. Kanter, B. Kohlenberg, W. C. Follette, & G. M. Callaghan (eds.), *A guide to functional analytic psychotherapy: awareness, courage, love and behaviorism* (pp. 37-59). New York: Springer.

Kazantzis, N., & Lampropoulos, G. K. (2002). Reflecting on homework in psychotherapy: What can we conclude from research and experience? *Journal of Clinical Psychology, 58,* 577-585.

Knox, S., & Hill, C. E. (2003). Therapist self-disclosure: Research based suggestions for practitioners. *Journal of Clinical Psychology/In Session, 59,*529-539.

Kohlenberg, B. S., & Callaghan, G. M. (2010). FAP and acceptance commitment therapy (ACT): Similarities, divergence, and integration. In J. W. Kanter, M. Tsai, & R. J. Kohlenberg (eds.), *The practice of functional analytic psychotherapy* (pp. 31-46). New York: Springer.

Kohlenberg, R. J., Kanter, J. W., Bolling, M. Y., Parker, C., & Tsai, M. (2002). Enhancing cognitive therapy for depression with functional analytic psychotherapy: Treatment guidelines and empirical findings. *Cognitive and Behavioral Practice, 9*(3), 213-229.

Kohlenberg, R. J., Kanter, J. W., Tsai, M., & Weeks, C. E. (2010). FAP and cognitive behavior therapy. In J. W. Kanter, M. Tsai, & R. J. Kohlenberg (eds.), *The practice of functional analytic psychotherapy* (pp. 11-30). New York: Springer.

Kohlenberg, R. J., Kohlenberg, B., & Tsai, M. (2009a). Intimacy. In M. Tsai, R. J. Kohlenberg, J. W. Kanter, B. Kohlenberg, W. C. Follette, & G. M. Callaghan (eds.), *A guide to functional analytic psychotherapy: Awareness, courage, love and behaviorism* (pp. 131-144), New York: Springer.

Kohlenberg, R. J., & Tsai, M. (1991). *Functional analytic psychotherapy: Creating intense and curative therapeutic relationships.* New York: Plenum Press.

Kohlenberg, R. J., & Tsai, M. (1994). Functional analytic psychotherapy: A radical behavioral approach to treatment and integration. *Journal of Psychotherapy Integration, 4*(3), 175-201.

Kohlenberg, R. J., Tsai, M., Kanter, J. W., & Parker, C. R. (2009b). Self and mindfulness. In M. Tsai, R. J. Kohlenberg, J. W. Kanter, B. Kohlenberg, W. C. Follette, & G. M. Callaghan (eds.), *A guide to functional analytic psychotherapy: Awareness, courage, love and behaviorism* (pp. 103-130). New York: Springer.

Kohut, H. (1971). *The analysis of the self.* New York: International Universities Press.

Lejuez, C. W., Hopko, D. R., Acierno, R., Daughters, S. B., & Pagoto, S. L. (2011). Ten year revision of the brief behavioral activation treatment for depression: Revised treatment manual. *Behavior Modification, 35*(2), 111-161.

Linehan, M. M. (1993). *Cognitive-behavioral treatment of borderline personality disorder.* New York: Guilford Press.

Longmore, R. J., & Worrell, M. (2007). Do we need to challenge thoughts in cognitive behavior therapy? *Clinical Psychology Review, 27*(2), 173-187.

Luciano, M. (1999). Acceptance and commitment therapy (ACT) and functional analytic psychotherapy (FAP): Foundations, characteristics, and precautions. *Analisis y Modificacion de Conducta, 25*(102), 497-584.

Manos, R. C., Kanter, J. W., Rusch, L. C., Turner, L. B., Roberts, N. A., & Busch, A. M. (2009). Integrating Functional Analytic Psychotherapy and Behavioral Activation for the treatment of relationship distress. *Clinical Case Studies, 8*, 122-138.

Mansfield, A. K., & Cordova, J. V. (2007). A behavioral perspective on adult attachment style, intimacy and relationship health. In D. Woods & J. Kanter (eds.), *Understanding behavior disorders: A contemporary behavioral perspective* (pp. 389--416). Reno: Context Press.

Martell, C. R., Dimidjian, S., & Herman-Dunn, R. (2010). *Behavioral activation for depression: A clinician's guide.* New York: Guilford.

Masterson, J. F. (1985). *The real self.* New York: Brunner/Mazel.

Mehta, S., & Farina, A. (1997). Is being "sick" really better? Effect of the disease view of mental disorders on stigma. *Journal of Social and Clinical Psychology, 16*,405-419.

Meyer, B., & Pilkonis, P.A. (2001). Attachment style. *Psychotherapy, 38*(4), 466-472.

Milne, D., & James, I. (2000). A systematic review of effective cognitive behavioral therapies: Similarities and differences. *Journal of Cognitive Psychotherapy, 12*, 95-108.

Nichols, M. P., & Efran, J. (1985). Catharsis in psychotherapy: a new perspective. *Psychotherapy: Theory, Research and Practice, 22*(1), 46-58.

Pielage, S. B., Luteijn, F., & Arrindell, W. A. (2005). Adult attachment, intimacy and psychological distress in a clinical and community sample. *Clinical Psychology & Psychotherapy, 12*(6), 455--464.

Read, J., & Harre, N. (2001). The role of biological and genetic causal beliefs in the stigmatization of "mental patients". *Journal of Mental Health, 10*, 223-236.

Rogers, C. R. (1961). *On becoming a person.* Boston: Houghton Mifflin.

Rosenfarb, I. S. (2010). FAP and psychodynamic therapies. In J. W. Kanter, M. Tsai, & R. J. Kohlenberg (eds.), *The practice of functional analytic psychotherapy* (pp. 83-95). New York: Springer.

Russell, R., & Wells, P. A. (1994). Predictors of happiness in married couples. *Personality and Individual Differences, 17*(3), 313-321.

Safran, J. D., & Muran, J. C. (2001). A relational approach to training and supervision in cognitive psychotherapy. *Journal of Cognitive Psychotherapy, 15*, 3-15.

Shapiro, J. L. (1987). Message from the masters on breaking old ground? The Evolution of Psychotherapy Conference. *Psychotherapy in Private Practice, 5*(3), 65-72.

Sharpley, C. F. (2010). A review of the neurobiological effects of psychotherapy for depression. *Psychotherapy: Theory, Research, Practice, Training, 47*(4), 603-615.

Skinner, B. F. (1953). *Science and human behavior.* New York: Macmillan.

Skinner, B. F. (1957). *Verbal behavior.* East Norwalk, CT: Appleton-Century-Crofts.

Skinner, B. F. (1974). *About behaviorism,* New York: Knopf.

Skinner, B. F. (1976). *Walden two.* New Jersey: Prentice Hall. (Original work published 1948.)

Truax, C. B. (1966). Reinforcement and nonreinforcement in Rogerian psychotherapy. *Journal of Abnormal Psychology, 71*(1), 1-9.

Tsai, M., Callaghan, G. M., Kohlenberg, R. J., Follette, W. C., & Darrow, S. M. (2009a). Supervision and therapist self-development. In M. Tsai, R. J. Kohlenberg, J. W. Kanter, B. Kohlenberg, W. C. Follette, & G. M. Callaghan (eds.), *A guide to functional analytic psychotherapy: Awareness, courage, love and behaviorism* (pp. 167-198). New York: Springer.

Tsai, M., Kohlenberg, R. J., Bolling, M. Y., & Terry, C. (2009b). Values in therapy and Green FAP. In M. Tsai, R. J. Kohlenberg, J. W. Kanter, B. Kohlenberg, W. C. Follette, & G. M. Callaghan (eds.), *A guide to functional analytic psychotherapy: Awareness, courage, love and behaviorism.* (pp. 199-212). New York: Springer.

Tsai, M., Kohlenberg, R. J., Kanter, J. W., Kohlenberg, B., Follette, W. C., & Callaghan, G. M. (2009c). *A guide to functional analytic psychotherapy: Awareness, courage, love and behaviorism.* New York: Springer.

Tsai, M., Kohlenberg, R. J., Kanter, J. W., & Waltz, J. (2009d). Therapeutic techniques: The five rules. In M. Tsai, R. J. Kohlenberg, J. W. Kanter, B. Kohlenberg, W. C. Follette, & G. M. Callaghan (eds.), *A guide to functional analytic psychotherapy: Awareness, courage, love and behaviorism* (pp. 61-102). New York: Springer.

Tsai, M., Plummer, M., Kanter, J., Newring, R., & Kohlenberg, R. (2010). Therapist grief and Functional Analytic Psychotherapy: Strategic selfdisclosure of personal loss. *Journal of Contemporary Psychotherapy, 40*(1), 1-10.

Vandenberghe, L., Tsai, M., Valero, L., Ferro, R., Kerbauy, R., Wielenska, R., et al. (2010). Transcultural FAP. In J. W. Kanter, M. Tsai & R. J. Kohlenberg (eds.), *The practice of functional analytic psychotherapy.* (pp. 173-185). New York: Springer.

Van Orden, K., Wingate, L. R., Gordon, K. H., & Joiner, T. E. (2005). Interpersonal factors as vulnerability to psychopathology over the life course. In B. L. Hankin & J. R. Z. Abela (eds.), *Development of psychopathology: A vulnerability-stress perspective* (pp. 136-160). Thousand Oaks, CA: Sage Publications.

Waltz, J., Landes, S. J., & Holman, G. I. (2010). FAP and dialectical behavior therapy (DBT). In J. W. Kanter, M. Tsai, & R. J. Kohlenberg (eds.), *The practice of functional analytic psychotherapy* (pp. 47-64). New York: Springer.

Watkins, G. E., Jr (1990). The effects of counselor self-disclosure: A research review. *The Counseling Psychologist, 18,* 477-500.

Watson, J. B. (1930). *Behaviorism* (revised edition). Chicago, IL: University of Chicago Press.

訳者あとがき

　本書は，"Mavis Tsai, Robert J. Kohlenberg, Jonathan W. Kanter, Gareth I. Holman, & Mary Plummer Loudon：Functional Analytic Psychotherapy：Distinctive Features London and New York：Routage 2012"の全訳である。

　全巻にわたって機能分析心理療法〈functional analytic psychotherapy, FAP（ファップと読む）〉が述べられている和書として，本書は「機能分析心理療法：徹底的行動主義の果て，精神分析と行動療法の架け橋」（金剛出版）に続き2冊目になる。したがって，本書が前書（以下，その原書が出版された1991年を目印にFAP1991と表記する）と比べ，どこが違うのかを述べることが多くの読者の助けになると思われる。しかし，その前に，FAPとは何かについて，ごく簡単に触れよう。

　FAPは，一般には，アクセプタンス＆コミットメントセラピーや弁証法的行動療法などとともに，第三世代の行動療法に位置づけられている。本書の第1章にFAPの誕生にまつわるエピソードが書かれている。本書の第二著者ロバート・J・コーレンバーグは，認知行動療法家として，それなりの治療成果を上げていた。ところが，彼の妻メイヴィス・サイは，彼とは比べ物にならないほど優れた結果を得ていた。サイもコーレンバーグと同様，認知行動療法を

行っているようなのに，何が違うのだろう？　調べてゆくうちに
エッセンスと思われるものが浮かび上がってきた。それは，私たち
訳者の言葉を用いるなら「上滑りしないでリアルにクライエントに
コンタクトする」ことである。

　心理臨床過程は，「図」と「地」によって構成されているとみなす
ことができる。例えば，父親に何も言えないことで困窮しているク
ライエントがいたとしよう。そういったクライエントには，父親役
になったセラピストに何か言うよう促す，といったアサーショント
レーニングをセッション中に行うことはよくある。これが心理臨床
過程の「図」に相当する。こうしたトレーニングが必ずしも効果が
ないわけではない。しかし，セラピストが演じている「父親」とク
ライエントとの関係が現実の父親との関係と乖離していると，その
効果が日常に波及する見込みは低い。私たちが「上滑り」と表現し
ている状態である。

　「リアルにクライエントにコンタクトする」には，上述の例では，
セラピストが演じている「父親」とクライエントとの関係が現実の
父親との関係と類似するようにするのが１つの方略であろう。しか
し，それにとどまらず，心理臨床過程の「地」に焦点を当てること
に FAP の特徴がある。例えば，次のセッション（面接）の日時を
決めるときに，先ほどのクライエントは，本当は来週の水曜日の朝
一番にしたいのだが，それをセラピストに言い出せないでいるかも
しれない。これが「地」にあたる。そんなクライエントがやっとの
思いで口に出した願いをセラピストは一人の生身の人間として真摯
に受けとめる。このような「地」の部分で行われるライブなアサー
ショントレーニングが日常に波及しやすい効果をもたらす，という

ことになる。

　本書が前書 FAP1991 と違うところは，主に２つある。１つは，FAP1991 にはなかった概念が，本書には含まれていることである。例えば，セラピストのセッション内問題行動（therapist in-session problem behavior：T1）やセラピストのセッション内標的行動（therapist in-session target behavior：T2）がそれにあたる（例えば第18章）。これらはいわば，それぞれ，セッション内で生じるクライエントの問題（client problems that occur in session：CRB1）とセッション内に生じるクライエントの改善（client improvements that occur in session：CRB2）のセラピスト版である。クライエントの日常で問題となっている行動はセッション中も生じうる。セッション中に学習した行動は日常でも生じうる。これら２つを前提に，セッション内のクライエントの行動の中で，日常で問題となっている行動（CRB1）を弱め，その代わりとなる望ましい行動（CRB2）を強め，日常への般化を図る。これが FAP の骨子である。しかし，日常で起きている行動がセッション中にも生じるのはクライエントに限らない。セラピストもまたそうである。T1 や T2 は，セッション内で生じるセラピストの行動に与えられた名前である。

　T1，T2 といった新しい概念の導入は，セラピストの行動を重視する FAP としては，当然の流れである。FAP は，セラピストからクライエントへの働きかけ，すなわちセラピストの行動によって，セッション内のクライエントの行動の変容を図るものだからである。当然の流れではあるが，初期の文献にはなかった概念が後の文献に新たに加えられたことは，その概念が関わる領域の考究（この場合，セッション内の治療者の行動に関すること）が，この間に進

められたことを示唆しているだろう。FAP がその誕生後も姿を変え続けていることは，本書の「謝辞」に書かれた R. J. コーレンバーグから M. サイへ向けた言葉にも表れている。

　本書が FAP1991 と違うところの 2 つめは，本書がより臨床家，実践家向けに書かれている点である。FAP1991 は，各章に，認知と信念（第 5 章），自己（第 6 章）といった堅苦しい表題をつけ，FAP が諸概念（機能）をどうとらえるかという理論的分析にかなりの紙数を割いている。一方，本書の，特に第 2 部には，臨床のコツがちりばめられている。例えば，第 18 章の，セラピストはクライエントの CRB2 を自然に強化し，その効果を観察すべきであるというくだりにその一端がうかがわれる。強化の効果の観察には，実際に強化された行動がその後に頻繁に繰り返されるかどうかを観察するやり方と，"私が……と言ったとき，あなたはどのように感じましたか？"などと質問して回答を得るやり方とがあると紹介した後に，そうした質問は CRB2 への強化に近づけすぎてはいけない，と釘を刺している。この警告には，強化後すぐにその強化の効果を尋ねると，強化の効果が台無しになってしまうことがある，という理由も添えられている。

　本書は杉若弘子・大河内浩人・河越隼人・木下奈緒子の 4 名の共訳による。杉若が序文，第 16 章から第 22 章，大河内が謝辞，第 23 章から第 30 章，河越が第 1 章から第 7 章，木下が第 8 章から第 15 章の翻訳を担当した。このように，担当した箇所の順に訳者の名を並べている。それぞれが担当した訳稿をもとに，杉若と大河内が全体の文体等を整えた。

　前書 FAP1991 すなわち「機能分析心理療法：徹底的行動主義の

果て，精神分析と行動療法の架け橋」に続き，本書の出版も引き受けてくださった金剛出版には大変に感謝している。特に企画の段階から担当いただき，途中，私たちの翻訳作業が何年間も滞っても私たちを見限ることのなかった藤井裕二氏がいなければ，本書が日の目を見ることはなかった。訳稿がそろった後，藤井氏から引き継いでくださった植竹里菜氏，校正の段階から刊行まで面倒を見てくださった中村奈々氏にも感謝申し上げたい。

　本書に関して，１つ悲しい出来事をお伝えしなければならない。愛妻メイヴィス・サイとともに FAP を作り上げたロバート・J・コーレンバーグが，一昨年（2021 年）この世を去った。数年前に引退し，名誉教授となっていたので，この日が来ることは予想できないことではなかったが，完成した本書をご覧いただけなかったのが悔やまれる。ボブの死によって FAP は新たな時代（ステージ）に突入せざるを得なくなったといえるかもしれない。本書がボブのささやかな生まれ変わりとして，これからの FAP の展開に貢献することを，ボブ自身も願っているに違いない。

2023 年 2 月 28 日

訳者を代表して
杉若弘子・大河内浩人

索　引

〈訳者紹介〉

杉若弘子（すぎわか・ひろこ）序文，第 16 章から第 22 章までを担当
　同志社大学心理学部教授。
　広島大学大学院生物圏科学研究科博士後期課程単位取得退学　博士（人間科学）
　臨床心理士　公認心理師。
　早稲田大学人間科学部助手，奈良教育大学教育学部助教授，同志社大学文学部教
　授などを経て，2009 年から現職。2012 年～ 2013 年には，ワシントン大学（UW）
　心理学部訪問研究員として Kohlenberg 博士の研究室で在外研究に従事。
　主な著書，訳書：「機能分析心理療法」金剛出版（共訳），「60 のケースから学ぶ
　認知行動療法」北大路書房（共著），「心の健康教育ハンドブック」金剛出版（共著），
　「セルフ・コントロールの実験臨床心理学」風間書房（単著）
　専門領域：臨床健康心理学・行動臨床心理学・パーソナリティ心理学

大河内浩人（おおこうち・ひろと）謝辞，第 23 章から第 30 章までを担当
　大阪教育大学教育学部教授。
　広島大学大学院生物圏科学研究科博士後期課程単位取得退学　博士（学術）　臨床
　心理士　公認心理師。
　広島大学学生相談室専任カウンセラー，大阪心理療法センター心理療法士，ウエ
　ストバージニア大学心理学部訪問研究員などを経て，2010 年から現職。
　主な著書，訳書：「機能分析心理療法」金剛出版（監訳），「行動分析」ミネルヴァ
　書房（共編著），「60 のケースから学ぶ認知行動療法」北大路書房（共編著）
　専門領域：臨床行動分析・実験的行動分析

河越隼人（かわごし・はやと）第 1 章から第 7 章までを担当
　帝塚山大学心理学部准教授。
　同志社大学大学院心理学研究科博士後期課程修了　博士（心理学）　臨床心理士
　公認心理師。
　同志社大学高等研究教育機構・心理学部特別任用助手，大阪体育大学体育学部ス
　ポーツ心理・カウンセリングコース助手，帝塚山大学心理学部講師などを経て，
　2018 年から現職。
　主な著書：「マイクロカウンセリングによるカウンセリング技法の習得―モデリン
　グと言語化の役割」風間書房（単著），「心理学概論［第 2 版］」ナカニシヤ出版（分
　担執筆）
　専門領域：カウンセリング心理学

木下奈緒子（きした・なおこ）第8章から第15章までを担当

イーストアングリア大学医学健康科学部准教授。

同志社大学大学院心理学研究科博士後期課程修了　博士（心理学）　臨床心理士。アイルランド国立大学ポスドク研究員，イーストアングリア大学専任講師などを経て，2020年から現職。

主な論文：Kishita, N., et al.（2021）Internet-delivered guided self-help Acceptance and Commitment Therapy for family carers of people with dementia（iACT4CARERS)：A feasibility study. Aging and Mental Health. DOI：10.1080/13607863.2021.1985966

専門領域：高齢者臨床・認知症

機能分析心理療法：
臨床家のためのガイドブック

2023 年 4 月 10 日　印刷
2023 年 4 月 20 日　発行

著　者　メイヴィス・サイ
　　　　ロバート・J. コーレンバーグ
　　　　ジョナサン・W. カンター
　　　　ガレス・I. ホルマン
　　　　メアリー・プラマー・ラウドン

訳　者　杉若弘子・大河内浩人・河越隼人・木下奈緒子

発行者　立石正信

発行所　株式会社金剛出版
　　　　〒112-0005　東京都文京区水道 1-5-16
　　　　電話 03-3815-6661　振替 00120-6-34848

装幀　臼井新太郎

印刷・製本　太平印刷社

ISBN978-4-7724-1966-6　C3011　　　　　　　　©2023 Printed in Japan

マインドフル・カップル
パートナーと親密な関係を築くための実践的ガイド

[著]=ロビン・D・ウォルザー　ダラー・ウェストラップ
[監訳]=野末武義　[訳]=樫村正美　大山寧寧

●A5判　●並製　●172頁　●定価 **2,970** 円
● ISBN978-4-7724-1898-0 C3011

本書ではワークを通して
自分がマインドフルになり，
自分自身と向きあうことで，
いきいきとしたパートナーとの関係を目指していく。

大人のADHDのためのマインドフルネス
注意力を強化し，感情を調整して，目標を達成するための
8つのステッププログラム

[著]=リディア・ジラウスカ
[監訳]=大野裕　中野有美

●A5判　●並製　●232頁　●定価 **3,520** 円
● ISBN978-4-7724-1851-5 C3011

ADHDでみられる特徴に悩んでいる人に
役立つツールとしてマインドフルネスを紹介。
実践方法を解説したCD付！

認知行動療法実践のコツ
臨床家の治療パフォーマンスをあげるための技術

[著]=原井宏明

●A5判　●並製　●256頁　●定価 **3,740** 円
● ISBN978-4-7724-1780-8 C3011

OCD関連疾患，恐怖症などを主な対象とし，
エクスポージャーや動機づけ面接を
中心とした行動療法を
長年実践してきた著者による治療論。

価格は10%税込です。

言語と行動の心理学
行動分析学をまなぶ

[編著]=谷 晋二

●A5判 ●並製 ●220頁 ●定価 **3,080** 円
● ISBN978-4-7724-1754-9 C3011

公認心理師発展科目
「学習・言語心理学」準拠,
ACT や関係フレーム理論からまなぶ
「言語」と「行動」の心理学入門講義。

はじめてまなぶ行動療法

[著]=三田村仰

●A5判 ●並製 ●328頁 ●定価 **3,520** 円
● ISBN978-4-7724-1572-9 C3011

「パブロフの犬」の実験から認知行動療法,
臨床行動分析, DBT, ACT, マインドフルネスまで,
行動療法の基礎と最新のムーブメントを解説した
行動療法入門ガイド。

ADHD の若者のための
マインドフルネスワークブック
あなたを " 今ここ " につなぎとめるために

[著]=メリッサ・スプリングステッド・カーヒル
[監訳]=中野有美　[訳]=勝野飛鳥

●A5判 ●並製 ●204頁 ●定価 **2,970** 円
● ISBN978-4-7724-1947-5 C3011

より健康で幸せな生活を送るために,
マインドフルネスの学習・実践の
一連の流れが学べるワークブック。

価格は 10%税込です。

認知行動療法の哲学
ストア派と哲学的治療の系譜

［著］＝ドナルド・ロバートソン　［監訳］＝東畑開人　藤井翔太
［訳］＝小川修平　木甲斐智紀　四方陽裕　船場美佐子

●A5判　●並製　●320頁　●定価 **3,960** 円
● ISBN978-4-7724-1906-2 C3011

認知行動療法は，古代ストア哲学の末裔である――
アーロン・ベックとアルバート・エリスが愛した
ストア派の賢者たちに導かれ，
心の治癒の一大精神史を体感する。

コーピングのやさしい教科書

［著］＝伊藤絵美

●四六判　●並製　●220頁　●定価 **2,420** 円
● ISBN978-4-7724-1827-0 C0011

自分に合ったストレス対処法が
きっと見つかる！
５つのレッスンでやさしく学べる
自分を助ける（セルフケア）コーピングの技術。

セルフ・コンパッション 新訳版
有効性が実証された自分に優しくする力

［著］＝クリスティン・ネフ
［監訳］＝石村郁夫　樫村正美　岸本早苗　［訳］＝浅田仁子

●A5判　●並製　●322頁　●定価 **3,740** 円
● ISBN978-4-7724-1820-1 C3011

セルフ・コンパッションの実証研究の
先駆者であるK・ネフが，
自身の体験や学術的知見などを踏まえて
解説した一冊。新訳版で登場！

価格は10％税込です。